D1676442

GLEICH BERECHTIGUNG

Anders

Gisela Buller

**Dieses Buch
ist in der Deutschen Nationalbibliothek verzeichnet.**
Bibliografische Daten werden unter http://dnb.de bekannt gegeben.

Für Fragen und Anregungen:
info@morpho-verlag.de

Originalausgabe
2. Auflage 2018

© 2018 by Morpho Verlag GmbH
Haldenloh A 6
D-86465 Welden
Tel.: 08293 / 96 50 45
Fax.: 08293 / 96 50 46

Alle Rechte, insbesondere das Recht der Vervielfältigung und Verbreitung sowie der Übersetzung, vorbehalten. Das Werk darf, auch teilweise, (durch Fotokopie, Mikrofilm oder ein anderes Verfahren) mit Genehmigung des Verlages reproduziert oder unter Verwendung elektronischer Systeme gespeichert, verarbeitet, vervielfältigt oder verbreitet werden.

Redaktion: Gisela Buller
Satz: Boris Sinyakov
Umschlaggestaltung: Boris Sinyakov
Umschlagabbildung: Jennifer Victoria Huwer
Bildrechte Foto innen: Presse-Service, Hausdorffstr. 134, Bonn

ISBN Print 978-3-9820197-0-3
ISBN E-Book 978-3-9820197-1-0

www.morpho-verlag.de

Inhalt

Widmung/Wurzel und Flügel 9

1. Astrologie –
   welche Rolle spielt sie dabei? 12
2. Definition der Geschlechtsart 19
3. Definition männliche/ weibliche Eigenschaften, Eigenarten und Anteile 22
   Definition von Aufgaben und
   Bestimmung einer Frau 25
4. Historie –
   Die Frauenvergangenheit 28
   Frauen in der Antike 28
5. Welchen Anteil trägt die Kirche an der Trennung zwischen dem Männlichen und Weiblichen? 34
   Beltane – das Fest der Kelten 34
   Beltane – das Fest der Göttinnen und Götter, der
   Fruchtbarkeit und des Feuers. 35
   Die Griechen und Römer 48
   Das gelebte Glaubensbekenntnis
   des Konzil zu Nicäa 56
   Doch was hat all dies mit der
   Hexenverbrennung aus dem
   Mittelalter zu tun? 58
   Die Christianisierung in Europa 65
   Die Frauen als Gegenspieler zum Patriarchat 68
   Die Inquisition und Hexenverbrennung 70
   Walpurgisnacht! Wie kam sie zustande und was
   genau passierte da? 75
   Energetische Interpretation der Hexenverbrennung 79

6. **Definition des Schmerzkörpers** 85
   Energetische Sichtweise von Emotionen 90
   Emotionen – welche Auswirkungen haben sie
   auf unser Feld? 96
   Der kollektive Schmerzkörper des Weiblichen? 108
   Der individuelle Schmerzkörper des Weiblichen 111

7. **Die Gegenwart - Die derzeitige Rolle der Frau in unserer Gesellschaft** 117
   Das Erleben in der heutigen Zeit als „Mutter"
   und/oder „Karrierefrau" 117

8. **Die Emanzipation der Frauenbewegung** 144
   Definition des Wortes „Emanzipation" 144
   Was bedeutet Emanzipation heute in unserer
   Gesellschaft 146

9. **Sprachen, Klänge und Frequenzen** 153
   Was ist Klang?
   Und wie wird er erzeugt? 159
   Frequenzen 162

10. **Verweiblichung des Mannes, Vermännlichung der Frau – die Frauenbewegung** 169
    Wenn Frauen zu Männern werden 169
    Wenn Männer zu Frauen werden 172
    Gleichwertigkeit, Gleichberechtigung und
    Gleichartigkeit? 178

11. **Eigenschaften integrieren** 183
    Was bedeutet „Authentizität"? Wie wird man
    authentisch? Und wie können wir diese leben? 190
    Die bedingungslose Liebe 195

12. **Herzheilung/Befreiung des Schmerzkörpers** 202
    Anmut und Würde –
    eine Folgeerscheinung Ihres Seins. 218

Bundespräsidentenehepaar Veronika und Karl Carstens und Rosa Buller 1979

WIDMUNG/WURZEL UND FLÜGEL

Ich widme dieses Buch meinen geliebten Eltern ...

... Eltern, die es für mich geschafft haben, ihren Kindern zwei Dinge mit auf den Weg zu geben;

„Wurzeln und Flügel."
Ich wurde als elftes von zwölf Kinder geboren;

Und weil dies 1979 schon etwas ganz Besonderes war, wurde ich das Patenkind des damaligen Bundespräsidentenehepaars Carstens.

Meine Mutter war es, die mir die „Wurzeln" gab und mein Vater verlieh mir die „Flügel".

Sie waren beide sehr entgegengesetzt in ihren Eigenschaften und Eigenarten. Beide lebten sie für sich ihre Eigenschaften und Eigenarten aus und übertrugen diese auf uns Kinder.

Und doch schafften sie es, trotz Entgegengesetzter Eigenarten, beide Anteile, „die Wurzeln, als auch Flügel" in ihren Kindern zu verankern.

Ich will hier natürlich nicht für alle meine Geschwister sprechen, deshalb hier noch einmal der Hinweis, dass es sich um meine ganz individuelle Empfindung handelt.

Meine Mutter war es, die mir in ihrer hundertprozentigen Intensität die „Erdung" und damit die Ordnung,

die Struktur, den Rahmen, die Tradition, die Stabilität, sowie das Materialistische vorlebte. Diese Strukturen und Eigenschaften ordne ich den „Wurzeln" zu.
Sie lebte es mir vor, eben weil sie diese Eigenschaften und Eigenarten als Anteile in sich trug, was dazu führte, dass es sich in mir als Kind integrierte.

Mein Vater hingegen verkörperte zu 100% den „Himmel", er brachte mir den Glauben, die Loslösung vom Materialismus, sowie das Urvertrauen ins Leben und in das Göttliche näher. Wenn auch einige Situationen oftmals so entgegengesetzt schienen, so lehrte er mich, dass es mehr geben muss, als blanke, erklärbare Physik oder Chemie, obgleich er selbst ein leidenschaftlicher Chemiker war.

Er war es, der mir Gott in seiner Vielfalt und Größe zu erklären versuchte. Die Zwischenwelten, das geistige Prinzip, die Loslösung von materialistischen Dingen.
Es sind eben genau die „Flügel", die er mir damit als Kind anlegte.

Eigentlich scheint es mir wie ein Wunder, dass beide Elternteile, so grundverschieden und entgegengesetzt sie doch waren, es dennoch schafften, hier auf dieser Erde eine Einheit zu leben um dann auch noch beide Anteile in mir als Kind zu integrieren.

Unter Anteilen verstehe ich zunächst einzelne Eigenschaften und Eigenarten, die dann zu einem Ganzen verbunden werden können.

Um ein Missverständnis auszuschließen, möchte ich erwähnen, dass es gegeben war, dass meine Mutter sehr wohl Eigenschaften des „Himmels" in sich trug und mein Vater gleichermaßen Eigenschaften der „Erdung" innehatte. Ein jeder von beiden lebte jedoch den Anteil aus, der wichtig war, um eine Einheit und damit eine harmonische Familienstruktur gewährleisten zu können.

An dieser Stelle möchte ich mich bei meinen Eltern von ganzem Herzen für das mir vorgelebte bedanken. Sie haben es beide mit all ihrer zur Verfügung stehenden Liebe getan und mich als Kind darin gefestigt, dieses Leben hier leben zu können. Jetzt liegt es an mir, diese integrierten Anteile auszubauen und auszuleben.

Doch warum erzähle ich Ihnen all das?

1. Astrologie – welche Rolle spielt sie dabei

Wir befinden uns planetarisch seit dem Neumond vom 15.05.2018 in einer wunderbaren Sternenkonstellation. Einer Sternenkonstellation, bei der der Planet Uranus in das Sternbild Stier eingetreten ist!

Die Sternenkonstellation, dass der entfernte Uranus in ein anderes Sternbild wechselt, findet alle 8 Jahre statt und bleibt für uns erst mal bis 2026, sodass wir die energetischen Veränderungen, die dieses Zusammenspiel der einzelnen Himmelskörper mit sich bringt, schön in unsere Gesellschaft und auch in jedem Einzelnen integrieren können.

Jeder Planet und auch jedes Sternbild wird umgeben von einem eigenen energetischen Feld, so wie es auch bei uns Menschen der Fall ist. In diesem Feld, bei uns Menschen auch Aura oder Torus genannt, befinden sich eine Menge gesammelter und gespeicherter Informationen. Kommen also zwei Menschen miteinander in Verbindung, findet ein energetischer „Informationsaustausch" beider Felder statt. Und bei jedem Informationsaustausch kommt es zu einer Auswirkung. Diese Auswirkung findet zunächst im Innenleben statt und wird dann im Außen sichtbar.

Verdeutlicht an einem Beispiel: Sie begegnen ganz unerwartet einer Person. Sie kennen diesen Menschen nicht. Noch bevor Sie in eine Konversation treten, entwickeln Sie für sich, ohne dass es ihnen bewusst ist, bereits eine

Sympathie oder eine Antipathie. Hier hat auf der Feldebene, noch bevor der Verstand diese Information erhalten hat, ein Informationsaustausch stattgefunden. Die entsprechende Information gelangt dann, vereinfacht dargestellt, zu Ihrem Verstand.

Entsprechend des Informationsaustausches, der im Feld stattgefunden hat, reagieren Sie auf diesen Menschen entsprechend positiv oder eher weniger positiv – dies meine ich dann, wenn ich von der Auswirkung spreche: Die Reaktion auf einen Informationsaustausch.

Und so ist es nicht verwunderlich, dass auch planetarische Felder der einzelnen Planeten oder auch der einzelnen Sternenbilder, mit uns als Erde interagieren und damit ein Informationsaustausch stattfindet. Ein Informationsaustausch, der zunächst auf unsere Gesellschaft einwirkt. Dieses Einwirken wird dann im Außen für die Gesellschaft sichtbar. Dies erkennt man an den entsprechenden „Reaktionen" der Menschen innerhalb einer Gesellschaft.

Sternenkonstellationen und deren Deutungen und die damit verbundene Wissenschaft der Astrologie ist nichts Neues. Und ich rede hier nicht von „Tageshoroskopen" – die haben damit nun wirklich nichts gemein.

Schon Wallenstein ließ sich (1608), wie auch viele andere seiner Zeit, von dem offiziellen Hofastrologen des Kaisers Johannes Kepler, die ganz persönlichen Sternenkonstellationen voraussagen und konnte damit strategisch auf gewisse Handlungen einwirken.

Eine weitere, noch ältere Überlieferung haben wir in der Bibel dokumentiert, nämlich die Weisen aus dem Morgenland (aus dem griechischen: Magoi apo anatolôn „die Magier des Ostens"), die aufgrund der damaligen Sternenkonstellation die Geburt eines großen Königs voraussagten.

Erst diese Sternenkonstellation veranlasste die Weisen aus dem Morgenland, oder nennen wir sie die „Magier des Ostens", eine solch große Reise anzutreten. Dabei muss man bedenken, dass es sich zur damaligen Zeit nicht jeder leisten konnte, ein solch großes Unterfangen überhaupt nur zu finanzieren. Also welche Sternenkonstellation muss es wohl gewesen sein, dass derart gebildete und angesehene Menschen sich auf eine so lange Reise begaben, um an einer solchen Geburt teilzunehmen? Die Magier selbst mussten so hervorstechend gewesen sein, dass nun auch Herodes, König von Judäa, von ihrer Ankunft erfuhr. Und wenn man nun der Bibel und auch dem römischen Philosophen Macrobius Glauben schenken kann, so lies Herodes aus Angst vor diesem großen König, der nun geboren werden sollte, alle Knaben unter 2 Jahren töten. Ich möchte nur verdeutlicht darstellen, welche gesellschaftliche Stellung Astrologen seinerzeit schon hatten und wie ernst man sie nahm.

Interessant war nur, dass die einfachen Menschen in diesem Land nichts davon wussten. So schenkten sie zunächst dieser Sternenkonstellation auch keinerlei Aufmerksamkeit. Die Geburt des großen Königs fand jedoch trotzdem statt, ob sie nun davon wussten oder nicht.

Die Sternenkonstellationen können also einen Hinweis darauf geben, welche persönlichen oder gesellschaftlichen Situationen und damit verbundene Lernaufgaben bzw. Herausforderungen nun anstehen. Wir haben dadurch die Möglichkeit, im Vorfeld hinzuschauen und zu „agieren". Wir können uns also auf ein Geschehen vorbereiten. Es macht nämlich einen großen Unterschied, ob wir agieren oder reagieren.

Ob wir jedoch hinschauen wollen, um die einzelnen Energiefelder zu lesen, liegt wiederum an jedem einzelnen Bewusstsein und dessen Willen. Denn ob man einer solchen Sternenkonstellation und damit der energetischen Auswirkung Beachtung schenkt oder nicht, hat zunächst keinerlei Auswirkungen darauf, dass die Lernaufgaben oder die Herausforderungen bei uns im Leben anstehen.

Ich möchte damit sagen, dass es völlig egal ist, ob wir um die energetischen Konstellationen wissen oder nicht, sie kommen auf uns zu (gleich dem Beispiel mit der Geburt Christi – das Nichtwissen der Region darum, hat die Geburt Christi nicht verhindert)

So gibt uns die Sternenkonstellation, in der wir uns seit dem 15.05.2018 befinden, nämlich das Eintreten des Planeten Uranus im Sternbild Stier, für die nächsten acht Jahre die Möglichkeit, an zwei großen Herausforderungen zu wachsen....

… nämlich einmal dem „Himmel" näherzukommen mit dem Planeten Uranus, der das „Männliche" repräsentiert.

… und zum anderen die „Erdung" zu integrieren, mit dem Sternbild im Stier, das das „Weibliche" repräsentiert.

Uranus, als gasförmiger Planet, der dem „Himmel" zugeordnet wird, steht astrologisch für die Vergeistigung einer Gesellschaft, die Freiheit, die Brüderlichkeit, das gemeinschaftliche Leben, aber auch für die Erneuerung, die Transformation, die Wandlung.

Das Sternbild im Stier, das der „Erde" zugeordnet wird, steht für die Struktur, die Ordnung, den Rahmen und auch für das ernährende, erhaltende Prinzip.

Hierin sehe ich erneut meine ganz persönliche Analogie zu dem, was meine Eltern mir vorlebten und auch in mich hinein integriert haben.

Zum einen eben diese Wurzeln, stehend für die Erdung und das Weibliche, verkörpert durch das Sternbild im Stier.

Zum anderen die Flügel, stehend für den Himmel und das Männliche, verkörpert durch den Planeten Uranus.

Ich wünschte, es gäbe in der heutigen Zeit mehr Eltern, die dieses System verstehen und beide Prinzipien, in Form von Eigenschaften und Werten, ihren Kindern mitgeben.

Erneut werden Sie sich vielleicht fragen, was hat die Astrologie mit der „Gleichberechtigung anders" zu tun?

Eine ganze Menge, wie ich finde.
Denn wenn man die Einheit des Kosmos und damit dessen Interaktionen verstehen lernt, so gibt die derzeitige Konstellation einen energetischen Hinweis darauf, was wir für Lernaufgaben und auch Herausforderungen in unserer Gesellschaft und als Einzelne zu bewältigen haben.

Ist es nicht hochspannend, festzustellen, dass wir uns derzeit in einer Sternenkonstellation befinden, die uns als Gesellschaft genau dahin den Fokus setzen möchte, unsere Rollen, die uns zu eigen sind, in einer Einheit und auch im Einklang zu leben?

Ist es nicht auch die derzeitige Sternenkonstellation, die den Hinweis gibt, in welche Richtung wir uns als Gesellschaft hin wandeln und uns auch unterstützend mit ihren Frequenzen und Energien zur Seite steht?
Uns eine sogenannte Richtungs- und auch Umsetzungshilfe bietet?

Sodass wir nun als Kollektiv die Möglichkeit bekommen, uns hin zu einer Einheit zu entwickeln?

Nämlich beides ...

... das Männliche und das Weibliche – zu leben, ohne dabei aber sein Geschlecht bzw. seine Identität als Mann oder Frau zu verlieren.

Die Herausforderungen werden also sein, dem Geschlecht nach zwar Mann oder Frau zu sein, aber beide Anteile, also den männlichen wie auch den weiblichen Anteil, in „seinen Eigenschaften" zu integrieren, um sie dann der Situation entsprechend leben zu können.

Muss ich denn jetzt männlich und weiblich werden? Also mein Geschlecht, mit dem ich geboren wurde, verleugnen oder gar außen vor lassen? Nein, ganz im Gegenteil.

Bevor ich zum eigentlichen Thema gehe, nämlich was es bedeutet männliche und weibliche Anteile in uns einzubauen und zu verbinden, möchte ich hier an dieser Stelle zum besseren Verständnis noch eine kleine Definition darüber vermitteln, was es für mich bedeutet, aufgrund seines Geschlechtes entweder Mann oder Frau zu sein, und was es mit den männlichen oder weiblichen Eigenschaften, Eigenarten bzw. Anteilen auf sich hat.

2. Definition der Geschlechtsart

Hier möchte ich mich an die Biologie und die Medizin halten, welche die Geschlechtsart so definieren, dass sie eben von Geburtswegen her feststeht. Parameter dafür sind biologisch und auch medizinisch betrachtet die Geschlechtsteile, die DNA. Je nach Geschlechtsart kommt es zu unterschiedlicher Bildung von Chromosomen und damit zu der Bildung unterschiedlicher Geschlechtsteile. Diese wiederum sorgen im Körper dafür, dass unterschiedliche Drüsen unterschiedliche Hormone bilden. Diese Hormone sind es dann, z.B. bei den männlichen Wesen verstärkt durch das Testosteron, bei den weiblichen Wesen die Östrogene, die uns dann das Gefühl vermitteln, weiblich oder männlich zu sein.

Und so bleibt es nicht nur bei einem Gefühl, sondern führt dann eben auch bei dem weiblichen Geschlecht dazu, dass es dem empfangenden Prinzip zugeordnet werden kann und die Männer dem gebenden, männlichen Prinzip. Denn es sind nun einmal die Männer, die den Samen spenden und die Frauen, die ihn empfangen und daraus gebären.

Ich gehe hier ganz bewusst nicht auf eine Diskussion der Geschlechtsdefinition aus der Soziologie ein.

Das Prinzip, per Definition auch Gesetzmäßigkeiten genannt, der verschiedenen Geschlechter zugrundelegend, können wir also sagen, dass beide Geschlechter zwar in ihrer Ausdrucksform verschieden jedoch als Menschen gleich sind.

Gleichwertig, gleichrangig und demnach auch gleich berechtigt.

Ich sehe daher keinen Widerspruch zu einer Emanzipation im ursprünglichen Sinne (aus dem lat. Emancipatio – Entlassung aus einer Abhängigkeit) – nur **WIE** sie in unserer Gesellschaft publiziert und auch in den letzten Jahren und Jahrzehnten gelebt wurde, ist sie für mein Empfinden eher ein System welches scheitert.

Die Auswirkungen der vielen gescheiterten Ehen und auch die Entzweiung innerhalb einer Beziehung, lässt darauf schließen, dass in unserer Gesellschaft etwas nicht ganz richtig läuft.

Genau hier möchte ich in diesem Buch ansetzen und ein Verständnis darüber vermitteln, warum es in den letzten Jahrzehnten zu einer verstärkten „Verweiblichung des Mannes" oder aber der „Vermännlichung der Frau" gekommen ist, wobei ich in diesem Buch schwerpunktmäßig die „Vermännlichung der Frau" beleuchten möchte. Auch möchte ich meine hier aufgeführten Gedankengänge als ein „Gedankenmodell" sehen und nicht als ein einheitlich gültiges Konzept, was alles andere ausschließt.

Warum geht es mir hier verstärkt um die Frau? Weil ich daran glauben möchte, dass sie es sein kann, die aufgrund ihrer Vielfältigkeit eine Möglichkeit schaffen kann, die „Harmonie" und auch die „Einheit" innerhalb eines Rahmens, Raumes, also z. B. eines Familienrahmes neu zu definieren und zu erschaffen. Auch glaube ich, dass es keine neu erfundene Aufgabe ist, die den Frauen zu eigen ist. Es erscheint mir schon fast als ihre Pflicht, eben genau diesen Raum der Harmonie innerhalb eines Rahmens zu erhalten.

Ich gehe sogar davon aus, dass die Frau dieser Aufgabe beraubt wurde und diese nur die letzten Jahrhunderte bzw. Jahrtausende nicht leben konnte. Doch wie komme ich zu dieser Annahme? Dazu möchte ich Sie auf eine kleine historische Reise in die Vergangenheit mitnehmen. Doch bevor wir diese spannende Reise miteinander begehen, möchte ich noch kurz auf die Definitionen der männlichen und weiblichen Eigenschaften/Eigenarten eingehen.

3. Definition männliche/ weibliche Eigenschaften, Eigenarten und Anteile

Unter Anteile versteht man Eigenschaften und Eigenarten, die nur einem Teil aus dem Ganzen heraus entsprechen; so könnte man sagen, dass die männlichen und weiblichen Eigenschaften jeweils nur ein Teil des Ganzen sind. Daher auch erst in ihrer Vereinigung, in der Verschmelzung beider, ein Ganzes und demnach eine Vollkommenheit bilden.

Bleiben wir zunächst beim „männlichen Prinzip". Hier noch einmal verdeutlicht dargestellt durch den Planeten „Uranus" – dem Himmel, den Flügel, dem gebenden Prinzip. Angelehnt an die Astrologie durch den „Himmel" und auch unser Wertesystem können wir dem männlichen Teil folgende Eigenschaften zuordnen:

Die schöpferischen Ideen, die Freiheit, die Unabhängigkeit, das Entstehende, das Schaffende, das Gebende. Weiter macht es sich erkennbar durch das Herrschende, Machtvolle, Kraftvolle, Stärkende, Agierende, Impulsive, Risikofreudige, ebenso als Planungs- und Ideengeber, durch Tatendrang, analysierendes und strategisches Denken mit der Eigenschaft der Inspiration verbunden.

Das „weibliche Prinzip", hier verdeutlicht durch das Sternbild im Stier, die Erde, die Wurzeln und das empfangende Prinzip. Auch hier angelehnt an die Astrologie mit der Erde und unserem Wertesystem können hier folgende Eigenschaften zugeordnet werden: Das empfangende, gebärende, erhaltende und nährende Prinzip.

Ihre Eigenschaften sind das Umsorgen, das Hegen und Pflegen, den Samen, den man gesät hat, gedeihen zu lassen; gelebte Mutterliebe, zu verwöhnen, die Fürsorge, die Herzensgüte und auch die Herzenswärme zu leben. Auch die Schönheit, Reinheit und Klarheit werden durch das Weibliche gelebt.

Es sind nur einige wenige Haupteigenschaften, doch denke ich, die deutlichsten ihrer Art.

Beide Eigenschaften/Eigenarten in ihrer getrennten Ausdrucksform sind so entgegengesetzt. Und dennoch gilt es, sie in uns zu integrieren, um sie entsprechend einer Situation zum Ausdruck zu bringen. Was meine ich damit?

Die männlichen und weiblichen Eigenschaften in uns aufzunehmen, jedoch als Werte und Tugenden, nicht aber, um männlich oder weiblich zu werden. Auch nicht um männliche oder weibliche Anteile in uns zu integrieren. Es gibt also einen Unterschied, zwischen den gelebten Eigenschaften und deren Werten, sowie dem Geschlecht eines Menschen.

So gilt es nicht, beide Geschlechter in uns zu integrieren, wohl aber die Werte und Eigenschaften, welche von uns Menschen in typisch männlich oder weiblich kategorisiert wurden, in uns auszubauen. Darauf gehe ich in einem anderen Kapitel noch einmal genauer ein.

So dürfen wir vom Grundsatz der Geschlechter her, weiterhin die wunderbaren Grundzüge eines Mannes oder aber die einer Frau leben, um innerhalb einer Familie eine Einheit und damit eine Harmonie herstellen zu können.

In einer Gesellschaft, in der ein Mann „Mann" sein darf und das in all seinen wunderbaren ausdrucksstarken männlichen Eigenschaften und eine Frau „Frau" sein darf in all ihren wunderbaren femininen Eigenschaften. Ich muss also meine Geschlechtsart als Mann oder Frau nicht verändern, um ein Wertesystem beider Eigenschaften in mir leben zu dürfen.

Ist das nicht eine zauberhafte Vorstellung und eine wundervolle Information?

Doch wie soll das funktionieren, werden Sie mich vielleicht fragen? Auf der einen Seite darf und soll man auch seine Geschlechtsart leben, eben mit all seinen wundervollen Eigenschaften und auf der anderen Seite soll man die männlichen wie auch die weiblichen Eigenschaften in sich einbauen? Ist das nicht alles in allem ein Widerspruch, werden Sie jetzt vielleicht einwenden? Werden wir dann nicht zu Maskenträger oder gar Schauspieler, oder doch zu gleichgeschlechtlichen Wesen?

Ich behaupte einfach mal: Nein, werden wir nicht!

Definition von Aufgaben und Bestimmung einer Frau

Die Bestimmung und damit die Rolle einer Frau in der Gesellschaft würde ich ihren weiblichen Eigenschaften entsprechend angleichen. Wenn man also bedenkt, dass sie das empfangende, gebärende und auch das nährende Prinzip ist, warum sollte sie also in die Rolle eines männlichen Anteils schlüpfen? Eines Anteils, der ihr gar nicht zu Eigen ist und den sie auch gar nicht leben kann (z. B. den Samen zu erzeugen). Demnach macht es doch Sinn, diese Eigenschaften, die ihr zu eigen sind, auszubauen und sie in ihrer vollkommenen Schönheit zu leben.

Ich möchte diese Eigenschaften/Eigenarten hier noch einmal zu Verdeutlichung nennen:

Sie pflegt, umsorgt, hegt den Samen und lässt ihn gedeihen, sie lebt Mutterliebe, sie verwöhnt, verhält sich fürsorglich. Sie lebt ihre Schönheit, Reinheit, Weisheit und Klarheit. Sie schafft Harmonie. Sie bewegt sich verstärkt auf der Herzensebene – lebt Herzensgüte und auch die Herzenswärme. Sind all das nicht wunderbare Eigenschaften?

Wenn man ein solches Wesen in die Kampfwelt der Männer hineinlässt, was glauben Sie was dann passiert?

Hier in übertriebener Hinsicht dargestellt, als würde man eine Prinzessin hinaus auf ein Schlachtfeld bringen. Ja sie würde es vielleicht schaffen, die nötigen Eigenschaften zu entwickeln, um dabei nicht unterzugehen, aber es wäre ihr nie zu eigen. Eben weil sie Eigenschaften in sich trägt, die damit nicht in Resonanz gehen. Sie würde einen ständigen Widerspruch in sich kreieren!

Und Widersprüche erzeugen Zwist, Trennung, Stress, Krankheit und ein einziges Durcheinander! Also von welcher Harmonie und von welchem Frieden kann hier die Rede sein?

Wenn man eine Teilung zwischen der sogenannten Außenwelt und einer Innenwelt vornehmen würde, so würde die Außenwelt unser Wirtschaftssystem, die Arbeitswelt, also den männlichen Teil symbolisieren und die Innenwelt, das Heim, die familiären Strukturen, das Weibliche.

Mein Ziel ist es, auf der energetischen Ebene Felder zu beleuchten und sie auch zu benennen, einen ganz anderen Denkansatz dafür zu schaffen, warum wir heute in unserer Gesellschaft, gerade im Ehebereich da stehen, wo wir stehen. Ich behaupte nicht, dass mein Ansatz der richtige ist! Und doch möchte ich zum Nachdenken anregen. Es ist daher nicht mein Ziel, hier soziologisch betrachtet das Arbeitsleben auf die Männerwelt zu reduzieren und das Heim der Frauenwelt zuzuordnen, das wäre viel zu einfach und würde auch nicht gehen!

Vielmehr möchte ich die Energiefelder beleuchten, welche bestimmte Hintergründe aufzeigen.

Deshalb sehe ich persönlich auch keinen Widerspruch darin, dass sich auch eine Frau im Arbeitsleben aufhalten und bewegen darf und auch muss, wenn es denn ihrer Bestimmung dient.

Auch möchte ich keine gedankliche Reduzierung auf ein im „Außen" oder im „Innen" schaffen, eben weil beides gleichwertig ist. Damit nicht besser oder schlechter, sondern eben nur anders. So sollte sich eine Frau fragen, warum Sie sich in die Außenwelt begibt, obwohl sie sich vielleicht im Innen viel wohler fühlt – oder umgekehrt. Es geht um die Bestimmung eines jeden Einzelnen. Sie merken, die Bestimmung eines jeden einzelnen spielt dabei eine wesentliche Rolle. Doch wie finde ich für mich heraus, welches die meine ist?

Doch bevor ich auf die Bestimmung etwas näher eingehe und auch den Unterschied zwischen Anteile und Eigenschaften definiere, möchte ich Sie auf eine spannende Reise in unsere „Frauenvergangenheit" mitnehmen.

4. Historie –
Die Frauenvergangenheit

Was, wenn ich Ihnen sagen würde, dass die Frauen einst, in Ihrer Vergangenheit, ihren Aufgaben sowie ihren Bestimmungen nachgegangen sind? Was, wenn ich ihnen sagen würde, dass es nicht immer so war, dass die Frauen unter einem herrschenden Ego zu leiden hatten und gesellschaftlich nicht als das gesehen wurden, was sie sind? Was, wenn ich Ihnen sagen würde, dass es Zeiten auf diesem wundervollen Planeten gab, in denen die Frauen geachtet und wertgeschätzt wurden? Als wunderschön und kostbar angesehen wurden?
Dass man ihnen als einem „weisen Geschlecht" gerne Gehör schenkte, im individuellen wie auch im gesellschaftlichen Bereich, im Innenleben, wie auch im Außenleben?

Doch was ist hier passiert? Warum haben sich die Frauen ihr Zepter, das sie einst hatten, nehmen lassen?
Und durch wen?

Frauen in der Antike

Aus der Geschichte des alten Ägyptens sowie auch anderer „Hochkulturen", z. B. die der Gallier (Kelten) oder der Germanen, wissen wir, dass die Frauen den Männern gleichgestellt waren. Sie hatten die gleichen Rechte und gesellschaftlichen Anerkennungen. Sie konnten erben, vererben und benötigten keinen Vormund.
Und dennoch war es die Mehrheit der Frauen, die ihre

Aufgaben und Rollen darin sahen, das Heim zu umsorgen, um dort die „Herrin" zu sein.

Sie unterschieden nicht darin, welche „Herrschaft" jetzt nun die bessere war, die im „Außen", also im gesellschaftlichen Arbeitsleben, oder die im „Innen", dem Familienheim. Diese Unterscheidung war ja auch nicht notwendig, da es gesellschaftlich genauso wertgeschätzt und anerkannt wurde, wie eine Stellung in der Politik oder in der Arbeitswelt. Ganz im Gegenteil, sie erhielten sogar als Herrin des Hauses ein Siegel, das ihre Macht widerspiegelte.

Auch bei den Galliern, heute Kelten genannt, also den Ahnen des heutigen Mitteleuropas, ist mehrfach dokumentiert worden, dass die Frauen den Männern gleichgestellt waren. Sie handelten selbstständig und waren auch vermögend. Belegten im Außen, wenn es denn ihrer Bestimmung entsprach, ebenso hochrangige Stellungen wie die Männer. Auch wird darüber berichtet, dass sie es waren, die als „Frauen", als „Göttinnen" oder aber als „Priesterinnen" sehr geschätzt und in ihrer Stellung hoch geachtet wurden.

So schrieb einst der römische Historiker „Publius Cornelius Tacitus" in seinem Bericht über die Germanen und deren Stämme mitunter auch über die Frauen im „DE ORIGINE ET SITU GERMANORUM LIBER", übersetzt nach W.S. Teuffel, überarbeitet durch E. Gottwein, folgendes:

„(2) Ja sie (die Männer Anm v. Verfasser) legen ihnen sogar eine gewisse Heiligkeit und einen Blick in die

Zukunft bei und weisen weder ihre Ratschläge zurück noch missachten sie ihre Aussprüche."

„(3) Wir haben unter dem verewigten Vespasian erlebt, dass die Veleda lange Zeit bei sehr vielen als höheres Wesen galt. Aber auch schon vor Alters verehrten sie die Aurinia (Albruna) und mehrere andere Frauen als heilig, nicht aus Schmeichelei und ohne sie damit zu Göttinnen machen zu wollen."

Und um die Kultur der Kelten in ihrem Sein ein wenig zu beschreiben, diesen kleinen Auszug:

„(1) So leben sie denn in den Schranken der Sittsamkeit, durch keine lüsternen Schauspiele, keine verführerischen Gelage verdorben. Auf die Heimlichkeiten von Briefen verstehen sich Männer wie Frauen gleich wenig."

Weiter heißt es:

„(2) Fälle von Ehebruch sind bei dem so zahlreichen Volk eine große Seltenheit."

Fern ab der römischen Gesellschaft wurden diese Begebenheiten offensichtlich von einem Historiker als so entgegengesetzt seiner eigenen Volksgruppen empfunden, dass diese Sichtweise in seinen Schriften aufgenommen wurde.

Und wenn man der heutigen Geschichte Glauben schenken kann, so waren es eben genau die Seherinnen und die Priesterinnen der Kelten, die sich seinerzeit heftigst mit den Oberen der römischen Elite angelegt haben.

Ihnen die Stirn boten und versuchten, das Unvermeidbare noch zu verhindern.

So ranken sich über eine der letzten keltischen Königinnen und Stammesführerinnen, Boudicca, ebenso viele Mythen, wie über andere weiblichen Anführerinnen der Kelten! So heißt es, dass die Römer keine Frau als Stammesführerin akzeptieren wollten und Boudicca öffentlich auspeitschen ließen. Sie war es dann, die als einer der letzten Führerinnen, bevor die Römer vollständig die keltischen Gebiete und auch die anderen Völkergruppen der europäischen Urahnen (wie auch die der Germanen) einnahmen, Widerstand leistete.

Aus diesem geschichtlichen Blickwinkel betrachtet, wundert es keinen mehr, was danach alles mit uns Frauen passierte.

Woher kommt es also, dass wir Frauen oftmals das Gefühl entwickeln, der Bereich im Innen – also im Heim – sei so unbedeutend und minderwertig? Wir, als weibliches Geschlecht, seien so unbedeutend und minderwertig, wenn wir nicht dies oder das tun? Warum meinen wir, es den Männern gleich tun zu müssen, ins Außen zu gehen, um Anerkennung und wieder unser Zepter in die Hand nehmen zu dürfen?

Erst die griechische Antike und später dann auch die Römer, fingen an, die Gleichwertigkeit zwischen Männer und Frauen in eine Trennung zu führen.
Es wurden getrennte Rechte eingeführt und Aufgaben von der Gesellschaft per Gesetz genau definiert und auch überwacht.

So war es z. B. den Frauen einer bestimmten Gesellschaftsschicht nicht mehr gestattet, im Außen eine Stellung einzunehmen, sondern sie mussten im Innen verbleiben. Sie durften auch bestimmte Aufgaben nicht mehr erfüllen, obgleich sie es vielleicht als ihre Berufung empfanden. Ja, es gab noch vielfältige Arbeitsbereiche im Außen, die durchaus von Frauen ausgeübt wurden, jedoch nur nach Zustimmung des Mannes und entsprechend ihrer gesellschaftlichen Klassen!

Also uneingeschränkt und aufgrund ihrer eigenen Willensentscheidung einen Beruf im Außen zu wählen, war nicht mehr möglich.

Dies war der Beginn einer Spaltung. Einer Spaltung zwischen der Männer- und der Frauenwelt.

Dies führte folglich zu einer
„Unfreiheit und Ungleichheit".

Der Beginn einer Trennung und damit hin zu einer
„Ungleichberechtigung".

Die Hochkultur der Römer war es dann, die diese
„Ungleichberechtigung" noch erweiterte.

Die Kirche dann, unter den Päpsten im Mittelalter geführt, übernahm die Strukturen der Römer und perfektionierten die Trennung der Männer- und Frauenwelt.
Unter dem Aspekt der „Christianisierung" im Mittelalter, wurde dann das „Weibliche" unter dem Vorwand der „Hexerei" endgültig verbannt.

Lassen Sie sich auf eine spannende Reise durch die Hochkultur der Kelten bis hin zum Mittelalter ein. Auch wenn der Begriff „Kelten" nicht ganz richtig gewählt ist, so möchte ich ihn doch bewusst so belassen. Denn zunächst handelte es sich damals im zentralen Europa um einzelne und verschiedene Völkergruppen, wie z. B. die Gallier, Germanen, Helvetier, Britannier usw., doch denke ich, dass mit diesem Begriff der Kelten, der dann ab der Antike für einen Teilbereich des heutigen Europas, und damit unsere Urahnen, verwendet wurde, ein jeder etwas verbindet.

5. Welchen Anteil trägt die Kirche an der Trennung zwischen dem Männlichen und Weiblichen?

Beltane – das Fest der Kelten

Die Historiker unter Ihnen mögen mir verzeihen, wenn ich das nun nachstehend Aufgeführte, sehr einfach und in meinen Worten formuliere und dabei bewusst auf genaue Angaben von Zeiten und auch Nachweise verzichte. Ist das Buch doch vordergründlich für das weibliche Geschlecht geschrieben und mir geht es dabei um das energetische Hinschauen, weniger um die faktische Ausführung.

Die Kelten, eine voreuropäische Hochkultur, die es schaffte, die Gleichberechtigung im wahrsten Sinne des Wortes zu leben. Auch waren es sehr sittsame Menschen, die für meinen Begriff einen ganz natürlichen und menschlichen Umgang miteinander pflegten. Ihre Bräuche und Feste integrierten sie in ihr gesellschaftliches Leben.
Diese Bräuche und Rituale wiederum geben Aufschluss darüber, welches Wertesystem sie lebten.
So möchte ich mit einem dieser Bräuche beginnen:
Mit dem Ende der kalten Jahreszeit wurde die nun wärmende Jahreszeit sowie der Beginn der fruchtbaren Periode mit einem Fest eingeläutet. Man nannte es das „Beltane". Kalendarische Jahresdaten, wie wir sie heute kennen, gab es damals noch nicht. Man orientierte sich nach dem Mond. Heutige religiöse Kulturen wie z. B.

der Islam richten ihre Feste nach wie vor nach dem Lunarkalender – also nach den Mondphasen – aus.

Die Menschen waren damals noch stark an Mutter Natur gebunden und richteten so, in Verbindung mit Mutter Erde und den entsprechenden Jahreszeiten der Mondphasen, ihre Feste sowie Bräuche aus.
Hier finden wir wieder eine Verknüpfung zu heute, nämlich die Verbindung zur Erde, im Sternbild Stier und dem Himmel, mit dem Planeten Uranus.
Sie erinnern sich? So wurde das Fest der Beltane immer zum fünften Vollmond des Jahres gefeiert.

Beltane – das Fest der Göttinnen und Götter, der Fruchtbarkeit und des Feuers.

Eben angelehnt an das Bewusstsein der Menschen damals, nämlich die Weiblichkeit und die Männlichkeit in ihrer Vollkommenheit und damit als ein einheitliches System zu leben, war es nur konsequent, dies auch in einem Fest auszudrücken und es nach außen hin zu transportieren.
Denn auch wir feiern heute Feste, wenn uns bestimmte Ereignisse als sehr wichtig erscheinen.
So erschaffen wir uns sinnbildlich „Altäre", damit wir immer wieder daran erinnert werden, welche Wichtigkeit diesem Thema zugesprochen werden sollte.

Und hier haben wir es wieder: die männliche und weibliche Einheit. Gelebt in dem Bewusstsein, dass beide gleichwertig und gleichberechtigt, jedoch nicht gleichartig sind.

Die Kelten sahen es ihrerseits bereits als Vereinigung, das Männliche, den Samengeber mit dem weiblichen, dem empfangenden Teil, nämlich mit der Mutter Erde, zu verbinden. Sie verstanden, dass die Erde als empfangendes Prinzip und der Himmel, als gebendes Prinzip fungierten.

Die Sonne symbolisierte auf der einen Seite das Feuer, das Männliche, aber auch gleichermaßen die Strahlen, die sie hervorbrachte, das Weibliche, das wärmende und Leben erhaltende Prinzip. Sie verstanden, dass die gleichen Prinzipien auch bei ihnen galten.

Und so feierten sie dieses Fest als eines ihrer größten.

Sie feierten die Vereinigung der Erde mit dem Himmel, den Göttern und der Göttin. Die Sonne feierten sie, weil sie es ermöglichte, das, was durch diese Vereinigung zustande kam, zu erhalten und zu nähren. Sie feierten die Verbindung zwischen der weiblichen und der männlichen Urkraft. Sie feierten die Fruchtbarkeit, das nährende, erhaltende Prinzip!

Ist das nicht ein schönes Gefühl? Als weiblicher Teil in einer Gesellschaft so gefeiert zu werden?

Sie feierten es mit dem Ziel, neues Leben, neue Vielfalt, neue Fruchtbarkeit entstehen zu lassen. Es war für sie ein Abschluss des Alten und zugleich ein Neubeginn. Ein Neubeginn, der Wärme und Geborgenheit liefern würde und die Kälte, der Nacht zurücklassen sollte.
Deshalb nannte man auch das Fest der Beltane, das Fest des „Weiblichen", der Schönheit, der Liebe und der

„Empfangsbereitschaft". Sie war es (hier symbolisiert mit Mutter Erde und auch den wärmenden Sonnenstrahlen), die den Samen, der nun bereit stand, in sich einfließen zu lassen um in ihr zu gedeihen.

Denn auf einem nicht vorbereiteten und nicht empfangsbereiten Nährboden ist das Säen eines Samens sinnlos – er würde keine Frucht hervorbringen.

Wenn man diesen Gedanken auf uns Frauen überträgt, so wäre es ein schöner Gedanke, dass auch wir uns in die Position der „Empfangsbereitschaft" begeben dürfen, auf dass der Samen gesät werden kann. Ein Samen der unsere Gesellschaft wieder „heil" werden lässt.

So war es, dass die Kelten ein mächtiges Fest veranstalteten, eben entsprechend der Wichtigkeit und Größe. Sie ließen auf hohen Hügeln von Druiden, symbolisch durch das Männliche, Feuerstätten entzünden. Es war ein Fest der Druiden, Magier und Priesterinnen.
Die Höhe der Hügel deswegen, damit dieses Fest ein jeder sehen konnte.

Das Entzünden des Feuers stand für die Wandlung und den Reinigungsprozess, der notwendig war, damit ein neuer Samen gesät werden konnte. Dieses Feuer symbolisierte die Männlichkeit. Zu Ehren des Lichtgottes der Kelten, „Belenos – der Leuchtende". So heißt es auch in der Mythologie, dass die Druiden durch ihre magischen Kräfte und ihre Zaubergesänge dieses Feuer entfachten.

Mutter Erde, dem Weiblichen zugeordnet, wurde gewissermaßen auf den Saatprozess, also die Empfängnis vorbereitet. Dies wurde durch die jungfräulichen Priesterinnen symbolisiert.

Um dem ganzen Prozess Ausdruck zu verleihen, verbanden sich auf ganz menschlicher, irdischer Ebene die Priester mit den Priesterinnen, um ein drittes Leben zu zeugen! Auch ihnen sagt man nach, dass sie auf magische Weise auf dieses Ritual vorbereitet wurden, damit ein Zeugungsvorgang zeitlich möglich war.

So wussten die Kelten, dass sie nur durch das Herstellen eines Gleichgewichtes zwischen dem Männlichen und dem Weiblichen in eine Harmonie treten konnten, um neues Leben zu erzeugen und es dann zu erhalten und gedeihen zu lassen.

Die Vereinigung, symbolisch von Menschen vollzogen, von Göttin und Gott fand nun in Form eines heiligen Rituales statt, in dem man Priester mit Priesterinnen vereinigte.

Aus diesem Grund war es gleichzeitig ein Freudenfest der „wiederkehrenden Sonne", symbolisch stehend für das weibliche, wärmende und nährende Prinzip.
Die Sonne, der Sonnengöttin „Sol" gewidmet, löste nun die kalte Jahreszeit ab. Sie war es, die den Samen, der nun in die Erde gesät werden konnte, gedeihen ließ.

Ich möchte hier kurz einfließen lassen, dass die griechisch-römische Mythologie die Sonne – also die Sol – dem Männlichen zuordnet! Während die germanische Mythologie hier das Weibliche sieht, geschaffen aus dem Funken der Götter, dem Feuer! Gleichermaßen ist es spannend zu sehen, dass unsere Urahnen der germanischen Mythologie die Vereinigung von Priester und Priesterinnen feierlich zelebrierten, während die Christianisierung unten den Römern das Zölibat einführte. Sie werden später verstehen, warum ich hier darauf hinweise!

Symbolisch betrachtet war dieses Fest der „Beltane" die Vereinigung von Mutter Erde mit dem Vater Himmel, Sie erinnern sich an unsere heutige Sternenkonstellation mit dem Sternbild Stier und dem Planeten Uranus! Das Weibliche wurde mit dem Männlichen verbunden – und gleichermaßen aber wurde die Sonne, auch „SOL – die Sonnengöttin" gefeiert, die dafür stand, den Samen, der nun als Frucht (das Dritte) in ihrem Leib (der Erde) heranwuchs, gedeihen zu lassen.

Durch diese Vereinigung auf energetischer Ebene wie auch auf der physischen Ebene entstand ein Kraftstrom. Erzeugt durch die männliche Energie des Feuers vereinigt mit der nährenden, empfangenden Energie des Weiblichen. Das Licht, pure geballte Kraft und Energie. Eine Frucht konnte entstehen, ein Drittes. Es wurde Wachstum gefeiert. Dies war für die Kelten etwas sehr heiliges.

Denn durch die mächtigen Eigenschaften des Feuers, insbesondere seiner Wandlungskraft, seiner Leidenschaft, verlangt es uns seinen Respekt ab. Es will gebändigt werden. So war es nur konsequent, diese Bändigung durch ein Wesen durchführen zu lassen, das die Voraussetzungen und die Fähigkeiten dafür besaß, um es schlussendlich zu hüten.

Wer konnte dieser Aufgabe besser gerecht werden, als eine dafür vorbereitete jungfräuliche Priesterin?

Eine Priesterin, welche die Kraft und die Stärke besaß, voller Reinheit und Schönheit, würdig, diesem Feuer, in seiner gewaltigen Kraft und Energie, entgegenzutreten. Doch nicht, indem sie ebenfalls zu Feuer wurde, sondern vielmehr, in dem sie es verstand, damit umzugehen. Sie wurde darin ausgebildet. Deshalb war im ursprünglichen Sinne das Fest der Beltane auch nicht das Fest der allgemeinen Gesellschaft, sondern ein Fest der Priester und Priesterinnen, die über Jahre hinweg darauf vorbereitet wurden.

Diese Eigenschaften und Fähigkeiten konnte man zur damaligen Zeit nur den Magiern zuschreiben.
Deshalb waren diese Priesterinnen auch gleichermaßen Magier von hohem Rang. Gleichwertig den Druiden und Magiern in ihrer Ausbildung, nur eben für eine andere Aufgabe bestimmt. Gleichermaßen mächtig und doch anders. So wurde der männliche Part dazu ausgebildet, das Feuer zu entzünden und der weibliche, es zu erhalten, es zu hüten, es zu pflegen.

Es war also symbolisch betrachtet kein triviales und unbedeutendes Geschehen. Ganz im Gegenteil, ein Fest von hoher Bedeutung, großer Symbolik, das viele Aspekte in sich vereinte. Eine sogenannte „HOCH-Zeit".

So baten die Priester und Priesterinnen, anstelle des Volkes, für die Fruchtbarkeit von Mensch, Land und Tier. Wenn wir hier gedanklich einen kurzen Zeitsprung ins Hier und Jetzt machen würden, so könnte man dies als

Analogie auf die heutigen Frauen und Männer beziehen. Wäre es kein schöner Gedanke, wenn die Männer es schaffen würden, wieder dieses Feuer in sich zu entzünden, um es dann als Kraftstrom mit dem Weiblichen zu verbinden? Aber nicht nur unbedingt auf der leidenschaftlichen, sexuellen Ebene, sondern auch auf der energetischen. Ihr inneres Wesen wieder zum „Leuchten" zu bringen, gleich dem „Gott des Lichtes", über das dann die Frau als Hüterin eingesetzt werden kann. Aber nicht, indem sie über ihn wacht, ihn kontrolliert und bestimmt, sondern indem sie weise mit den ihr gegebenen Eigenschaften vorbereitet auf dieses Feuer, dafür sorgt, dass es nicht ausgeht. Es zu hüten und es dennoch sich selbst zu überlassen. Um dies bewerkstelligen zu können, muss sie weise und vorbereitet dem Feuer begegnen! Denn ein unkontrolliertes Feuer, kann dann schon einmal verbrennen!

Wäre das nicht ein schöner Gedanke?
Die Hüterin des Feuers zu werden?

Hierzu fällt mir eine kleine und doch sehr bedeutungsvolle Geschichte ein, die ich Ihnen als Analogie dazu erzählen möchte:

Wir schreiben das Jahr 1651 – die „Hexenverbrennung" ist in vollem Gange. Zu diesem Zeitpunkt wurden nicht nur die weiblichen „Hexen" verbrannt, geköpft oder gehängt, sondern eben auch alle Andersgläubigen, die sich der römisch-katholischen Christianisierung in den Weg stellten. Christopher Love, ein gebildeter, politisch angesehener Waliser war 33 Jahre alt, als man ihn für seine Predigten, die ausreichend schriftlich dokumentiert wurden, am Gerüst von Tower Hill, köpfte. Es war eine Zeit, geprägt von Krieg, Aufruhr, Intrigen. Könige und Machthaber wurden ihres Amtes enthoben und andere wiederum kämpften um die Wiederherstellung des Systems.

So war Christopher Love ein Prediger, der sich in der Position sah, für den Frieden, wenn auch über Kampfbereitschaft, einzustehen. So kam auch bei ihm, was kommen musste, nämlich die Anklage wegen Hochverrats und damit die Verurteilung zum Tod.

Eingesperrt im Turm von London, brannte dennoch das Feuer in ihm. So heißt es, dass ihn eine nie zuvor empfundene „Freude" eingehüllt hat. Man weiß heute, dass ein Schriftwechsel zwischen ihm und seiner Frau während dieser Zeit stattfand. Und einen dieser Briefe, möchte ich mit Ihnen teilen.

So schrieb Mary, seine Frau, am Vorabend seiner Hinrichtung folgendes:

Bevor ich ein Wort weiter schreibe, bitte ich dich, nicht zu denken, dass es deine Gemahlin ist, sondern ein Freund, der dir jetzt schreibt. Ich hoffe aber, dass du deine Frau und deine Kinder freiwillig Gott übergeben hast, der in Jeremia 49:11 gesagt hat: „Lass deine vaterlosen Kinder, ich will sie am Leben erhalten und lass deine Witwe auf mich vertrauen". Dein Schöpfer wird mein Gemahl sein und ein Vater für deine Kinder.

O dass der Herr dich davon abhalten würde, einen unruhigen Gedanken über deine Verwandten zu haben. Ich möchte dich freiwillig in die Hände des Vaters legen und es nicht nur als eine Krone der Herrlichkeit betrachten, dass du für Christus stirbst, sondern auch als eine Ehre für mich, dass ich einen Mann habe, der zu Christus geht.

Ich traue es nicht, mit dir zu sprechen, noch habe ich einen Gedanken in meinem eigenen Herzen, über meinen unsäglichen Verlust, sondern halte meinen Blick ganz auf den unaussprechlichen und unfassbaren Gewinn gerichtet. Du verlassest nur eine sündige, sterbliche Frau, um ewig mit dem Herrn der Herrlichkeit verheiratet zu sein. Du verlassest nur Kinder, Brüder und Schwestern, um zu Jesus zu gehen, den ältesten Bruder. Du verlassest Freunde auf Erden, um in die Freude der Heiligen und Engel einzutreten, und die Geister von gerechten Menschen, die in Herrlichkeit vollendet wurden. Du verlässt die Erde nur für den Himmel und verwandelst ein Gefängnis in einen Palast.

Und wenn natürliche Leidenschaften entstehen sollten, hoffe ich, dass der Geist der Gnade, der in dir ist, sie unterdrücken wird, in dem Wissen, dass alles Denken hier unten nur Dung und Krätze ist im Vergleich zu den Dingen, die oben sind. Ich weiß, dass du dein Auge auf die Hoffnung auf die Herrlichkeit gerichtet hältst, was dich dazu bringt, den Verlust der Erde mit Füßen zu treten.

Mein Lieber, ich weiß, dass Gott nicht nur die Herrlichkeit für dich, und dich für sie vorbereitet hat, sondern ich bin überzeugt, dass Er dir den Weg versüßen wird, um zur Freude daran zu kommen.

Wenn du dich heute Morgen ankleidest, oh denke dabei: „Ich lege meine Hochzeitskleider an, um nun ewig mit meinem Erlöser verheiratet zu sein."

Wenn der Bote des Todes zu dir kommt, soll er dir nicht schrecklich erscheinen, sondern du sollst ihn als einen Bote betrachten, der dir die Nachricht vom ewigen Leben bringt.

Wenn du das Gerüst hinaufgehst, denke, wie du zu mir gesagt hast, dass es nur ein feuriger Wagen ist, der dich zum Haus deines Vaters trägt.

Und wenn du dein kostbares Haupt darniederliegst, um den Schlag deines Vaters zu empfangen, erinnere dich, was du zu mir gesagt hast: Obwohl dein Haupt von deinem Körper abgetrennt wurde, sollte doch in einem Moment deine Seele mit ihrem Haupt, dem Herrn Jesus, im Himmel vereint sein.

Und obwohl es etwas bitter erscheinen mag, dass wir durch die Hände der Menschen etwas früher getrennt werden, als wir sonst getrennt worden wären, lass uns doch bedenken, dass es das Wort und der Wille unseres Vaters ist, und es nicht lange dauern wird, bis wir einander im Himmel wieder genießen werden.

Lass uns einander mit diesem Gesprochenen trösten. Sei getröstet, mein liebes Herz. Es ist nur ein kleiner Schlag, und du wirst dort sein, wo die Erschöpften ruhen werden und wo die Gottlosen aufhören werden, sich zu quälen. Denke daran, dass du vielleicht dein Abendessen mit bitteren Kräutern isst, aber du in dieser Nacht ein süßes Mahl mit Christus haben wirst.

Mein Lieber, durch das, was ich dir schreibe, versuche ich nicht, dich zu lehren;

Für diese Annehmlichkeiten habe ich vom Herrn durch dich empfangen.

Ich werde nicht mehr schreiben und dich nicht mehr belästigen, sondern dich in die Hände Gottes legen, bei dem du und ich lange verweilen werden.

Leb wohl, mein Lieber, ich werde dein Gesicht nie wieder sehen, bis wir beide an diesem großen Tag das Antlitz des Herrn Jesus sehen.

~ Mary Love

Ja, Mary Love war es, die es als Frau geschafft hat, das Feuer, das in ihrem Mann brannte, bis zum Schluss lodern zu lassen. Sie vollbrachte es in einer priesterlichen und würdevollen Art. In einer Art und Weise, die sie voller Kraft und Hingabe und doch mit viel Anmut und Würde zum Ausdruck brachte. Sie begleitete ihren Mann „energetisch" bis hin zum Tod und schaffte es, dieses Feuer in ihm zu hüten, trotz solch widriger Umstände.

Doch warum erzähle ich Ihnen all diese Geschichten? Sie könnten mich jetzt erneut fragen, was hat all das mit dem Titel dieses Buches „Gleichberechtigung anders" und der Frau in unserer heutigen Gesellschaft zu tun?

Wir befinden uns gesellschaftlich in einem Wandlungsprozess. Systeme wie sie einst gelebt wurden funktionieren nicht mehr. Um aber zu verstehen warum wir uns in einem solchen System befinden, ist es wichtig, sich die Vergangenheit anzusehen. Und in unserer Vergangenheit und damit auf das Hinsehen unserer Ahnen, können wir sehen, dass es zu einer Veränderung kam.

Einer Veränderung, die einen energetischen Trennvorgang zwischen dem Männlichen und dem Weiblichen in Bezug auf die Gleichwertigkeit und die Gleichberechtigung vollzog.

Was also ist hier passiert? Warum war es möglich, all dies unbedeutend werden zu lassen, und vor allem wer war es, der hier agierte? Welche Interessengebiete profitierten davon? Und warum sind es nur noch wenige Schriften, die Zeuge dieser kulturellen Vergangenheit sind? Einer Vergangenheit, die uns sehr wohl etwas angeht, waren es immerhin unsere voreuropäischen Urahnen. Und würde ich erneut dem historischem Gelehrten und Senator Publius Cornelius Tacitus Glauben schenken, so würde ich feststellen, dass die vielen Volksstämme der Germanen, Gallier, Britannier usw., nennen wir sie einfachheitshalber einfach mal die Kelten, gar nicht so verkehrt lagen mit ihrer Lebensweise.

Vielleicht würde es ja sehr viel Sinn ergeben, sich der Vergangenheit zuzuwenden, sie etwas näher zu beleuchten, um festzustellen, dass wir uns in einigen Bereichen eher verschlechtert haben und bestimmte Lebensstile vielleicht wieder in unser Leben hinein integrieren sollten.

Mir geht es bei den nachstehenden Ausführungen nicht darum, einen Schuldigen zu suchen, oder gar eine Hetzkampagne anzugehen. Auch sage ich in keinster Weise, dass unsere Urahnen alles richtig gemacht haben. Alles ist Entwicklung! So erreichen wir heute Bewusstseinsebenen, auf die unsere Urahnen vielleicht noch nicht zugreifen konnten. So sehe ich persönlich all das, so schmerzlich es auch war, als einen Teil unserer Geschichte, der teilweise, gleich einer Sinuswelle, notwendig und auch wichtig war. Denn heute werden es nicht nur die Priesterinnen und Priester sein, die das Feuer entzünden um es dann zu hüten, sondern eine hoffentlich große Anzahl von Frauen und Männer, die damit den Weg der Herzheilung gehen.

Ein Weg, der dem Kollektiven dient. Ein Weg, der für mehr innere Harmonie und Frieden steht. Ein Weg, der es uns ermöglicht, eine Einheit in einer Andersartigkeit zu leben. So würde ich mir wünschen, dass es die Männer sind, welche ihr inneres Feuer entzünden und die Frauen es sein werden, die es hüten, damit es nicht ausgeht. Ihnen wäre es möglich, dem flammenden und entfesselten Feuer im Manne mit Kraft und Stärke zu begegnen. Doch dazu ist es notwendig, bestimmte Eigenschaften und auch Werte, gleich der Vorbereitungsphase der Priesterinnen, in sich zu integrieren. Nur dann wäre eine authentische und bewusste Begegnung mit dem Feuer möglich. Eine Begegnung, die eine göttliche Vereinigung überhaupt möglich werden lässt. Eine Begegnung, bei der die Kraft und Energie gesteigert fließen und ein Drittes entstehen kann, in Verbindung und nicht in einer Trennung. Denn aus einem sich „nicht verbinden mit dem Feuer" kann man sich ganz schnell „verbrennen". Was dann zu Folge hat, dass man im physischen Bereich in eine Opferrolle eintritt. Man begegnet sich nicht mehr auf Augenhöhe und in einer Gleichwertigkeit.

So dient das nachfolgend Geschriebene lediglich dem Verständnis der Frau, weshalb es dazu kommen konnte und was wir heute tun können, um zu unserer eigenen

Macht und Stärke zu gelangen. Dem männlichen Feuer, wenn es denn gezündet ist, auf Augenhöhe und in bedingungsloser Liebe zu begegnen!

Lassen Sie uns also wieder ein klein wenig in die Geschichte eintauchen. Ich werde versuchen, es nicht all zu faktisch werden zu lassen.

Die Griechen und Römer

Wie bereits erwähnt, waren es die Griechen, später dann die Römer als Hochkultur, die eine erste, für uns sehr schön dokumentierte, Trennung zwischen dem Männlichen und dem Weiblichen vollzogen. Eine Trennung, die im Außen (also im gesellschaftlichen Leben) für alle sichtbar wurde und damit die Rechte und die Entscheidungsmöglichkeiten der Frauen stark einschränkte. Es war also keine Erfindung der Neuzeit.

Mit **Flavius Valerius Constantinus** (ca. 270 – 337 n. Chr.), also Kaiser Constantin I., nahm alles seinen weiteren Verlauf.

Entsprechend unserer Geschichte wissen wir, dass um das Jahr 0 die Geburt Christi stattfand und damit auch eine neue Zeitrechnung begann, wenn auch erst im Nachhinein.

Nach dem Tod Christi kam es dann zu einer weiteren religiösen bzw. spirituelle Vereinigung, gelebt durch die 12 Jünger Christi. Zunächst in einer Einheit, da sie die gleichen Fundamente von Christus übernommen hatten.

Ihnen war es also möglich, die gleichen Inhalte gemeinsam zu verbreiten. Später dann, mit der weiteren Verbreitung der Lehre Christi, kam es zu vielen Abzweigungen der „inhaltlichen" Lehre. Dies kann man geschichtlich sehr schön nachvollziehen. Denn genau diese Abzweigungen und vielerlei Lehren waren es dann, die Kaiser Constantin I. veranlassten, das Konzil zu Nicäa (dem heutigen Istanbul) einzuberufen. Es waren über 300 Bischöfe anwesend, die alle nach den Grundlehren Christi lehrten und dennoch so unterschiedliche Ansichten vertraten, eben gemäß ihrer vorliegenden Schriften und deren Interpretationen. Schließlich war doch eine ganze Zeit, nach dem Ableben von Jesus Christus vergangen. Und wie wir alle wissen, weiß danach dann keiner mehr so genau, was jetzt eigentlich die „wahre Lehre" Christi war. Jeder dieser Abzweigungen beanspruchte seine Lehre für sich.

Weitere religiöse oder spirituelle Vereinigungen deshalb, weil zur damaligen Zeitepoche bereits bestehende, wir möchten sie heute mal „Religionsarten" nennen, vorhanden waren. So gab es die Pharisäer, die Religion der Ägypter, die Stoiker und aber auch die Glaubensrichtung der voreuropäischen Völkerstämme! Sie erinnern sich, die Kelten!

So war die Lehre Christi damals nicht die einzige Glaubensrichtung und zunächst auch nicht die vorherrschende. Die Menschen, insbesondere die gebildete Schicht, hatten sich seit jeher über den Sinn des Lebens Gedanken gemacht und darüber eingehend philosophiert.
Das ist nichts Neues. Es wurden von jeder Kultur philosophische Denkansätze gebildet, Weltanschauungen de-

finiert. Die sich daraus entwickelten Glaubensrichtungen veranlassten die Menschen, dem Sinn des Lebens näher zu kommen, also einen Grund dafür zu finden, warum sie hier auf dieser Erde lebten und zu welchem Zweck. Mit diesen Glaubensrichtungen wurden Tugenden, Werte und auch Moralvorstellungen entsprechend ihrer Gedankengänge und Ausarbeitungen definiert.

Wenn sich dann ein solches Definitionsschema gebildet hat, wurde es im Laufe der Jahre zu einer festen Institution und damit zu einer festen Glaubensrichtung – was wir heute als Religion definieren.

So kann man „vereinfacht" sagen, dass sich jeder, egal welcher Religion er angehört, zwar inhaltlich Gedanken über das Gleiche macht, jedoch zu verschiedenen Lösungsansätzen und damit zu verschiedenen Ausführungen kommt, was dann heute in den verschiedenen Religionsarten sichtbar wird.

So gab es schon damals die Philosophen. Weit vor den Christen. Sie nannten sich Stoiker, Essener, Pharisäer oder aber auch die Mystiker. Erst weit später kam dann noch der Islam (ca. 7. Jh. n. Chr.) hinzu, um hier nur einige wenige zu nennen.

Wenn man es also genau nimmt, so sind all das Gedankenmodelle, die uns die Sinnfrage bestmöglich zu erklären versuchten. Mit Christus (für mich unbestritten, dass es sich hier um eine sehr hohe Wesenheit handelte), kam ein weiteres Gedankenmodell hinzu, das den Versuch machte, den Menschen der damaligen Zeitepoche weitere Gedanken zu übermitteln, die bis dahin noch nicht gedacht wurden. Ein nächster Entwicklungsschritt stand an!

Ich möchte hier ausdrücklich darauf hinweisen, dass es mir mit dieser Ausführung nicht darum geht, eine religiöse Debatte zu führen. Und schon gleich gar nicht darüber, welche von all diesen Religionsarten richtig oder falsch ist. Das liegt mir nicht und das werde ich auch nicht.

Vielmehr geht es mir darum, energetisch den Versuch zu starten, meine Gedanken aus einer energetischen Sichtweise heraus zu schildern, um den Bogen dahin zu spannen, warum es eben zu dem Ausschluss und damit zu dem Wegdrängen der Weiblichkeit kam.

Deshalb werde ich auch die einzelnen Religionen nicht in ihren Eigenarten kommentieren oder beschreiben. Das ist nicht Sinn und Zweck dieses Buches.

So kam es also, dass bereits zur Zeit von Kaiser Constantin I. – es waren ja doch schon über 300 Jahre nach Christi Geburt vergangen – eine ganze Menge an verschiedenen Bischöfen und damit jede Menge Abwandlungen der Lehre Christi verbreitet waren. Andere Religionsarten waren ja auch noch vorhanden.

Kaiser Constantin I., ich möchte ihm keine böse Absicht unterstellen, sah all dies aus seiner Sicht heraus, vermutlich sehr emotionslos. So hatte er sich politisch bereits die Alleinherrschaft zugesprochen und damit das „Vier Kaisersystem" in Rom abgeschafft. Eben sehr männlich, pragmatisch und politisch orientiert.

Er liebte es wohl, vereinfacht formuliert, alles zu vereinen und zu vereinfachen und so rief er im Jahre 325 n. Chr. das 1. Konzil zu Nicäa aus, um auch die verschiedenen Glaubensrichtungen, die sich nach Christus gebildet hatten und die bereits bestehenden zu diskutieren. Hier sollten sich alle Bischöfe und Kleriker einfinden, um zu einer Einigung zu kommen.

So sah er das vermutlich auch als einen großen Schritt hin zur Entwicklung, da noch kurz vor dem Einberufen des Konzils zu Nicäa, eine starke Verfolgung der Glaubensrichtung stattfand, welche speziell nach den Lehren Jesus Christus, lebten. Ein Anhänger der Lehre Christi zu sein, war erstmal nicht angenehm.

Im Konzil zu Nicäa entstand nach langem Diskutieren und auch sicherlich nicht zur Freude aller Beteiligten, das „nicänische Glaubensbekenntnis".

Ein sehr schwieriges Unterfangen, wie ich finde.
Man könnte auch sagen, es war der erste Versuch, verschiedene Denominationen mittels einer demokratischen Abstimmung in eine Einheit zu bewegen. Doch bei über 300 verschiedenen Glaubensrichtungen, und da waren nur einige davon anwesend, welche die Lehre Christi lebten, ein echtes Wagnis, was sich dann auch im Endergebnis dessen widerspiegelt.

Nämlich die Erstellung einer einheitlichen Bibel – mit einem Alten und Neuen Testament, herausgearbeitet aus hunderten, vielleicht sogar aus tausenden Schriften! Also was für eine Reduzierung vieler Gedankengänge und Gedankenmodelle!

Kaiser Constantin I., ich unterstelle ihm tatsächlich keine bösen Absichten. Für mich ist er dies eben ganz männlich angegangen, praktisch, pragmatisch und kontrollierbar! Denn es ist nun einmal eine typisch männliche Eigenschaft, Situationen und vor allem Menschengruppen zu kontrollieren. Allein darüber ließen sich ganze Abhandlungen kreieren. Viele verschiedene Glaubensrichtungen ließen sich für ihn nicht kontrollieren und damit auch schlecht führen. Ebenso gab es wirtschaftlich und politisch betrachtet keine Möglichkeit zur Bildung eines starken Einheitsreiches. So war es vermutlich aus seiner ganz männlichen Sicht nur konsequent, dieses Konzil zu Nicäa einzuberufen, um einen Rahmen zu schaffen. So konnte aus der Pyramidenstruktur, von oben herab, heraus entschieden werden, was richtig und was falsch ist. Eine sogenannte Richtschnur wurde gebildet! Eine Linie, an die man sich halten konnte, später dann aber musste!

Also genauer betrachtet, war das Konzil zu Nicäa ein einziger Verhandlungstisch vieler Menschen, mit vielen verschiedenen Gedankenmodelle, darunter natürlich auch einige wenige Anhänger der Lehre Christi. Doch bin ich mir sicher, dass über das Verhandeln, was nun von den vielen Schriften in diesem Glaubensbekenntnis aufgenommen werden soll, sehr viele Glaubensmodelle und auch Gedanken einzelner Teilnehmer auf der Strecke blieben. Und hätte Kaiser Constantin als Mensch gewusst, wohin das Ganze führt, nämlich zu einer Hexenjagd und damit zur Ausrottung vieler Kulturen, weiß ich nicht, ob er noch einmal so vorangegangen wäre?

Also historisch betrachtet eine Warnung dahingehend,

was passieren kann, wenn man versucht, viele verschiedene Religionsarten zu einen um daraus eine „Einheitsreligion" zu basteln.

Ein typisch gelebtes Patriarchat, aus einer Männlichkeit heraus erdacht und geschaffen – nur das Herz, das Weibliche, leider außen vor gelassen.

Und so kam es zu der sogenannten „Einheitsbibel" (aus dem altgriech. biblia ‚Bücher'), die nun als Basis für die neu definierte „Einheitschristenheit" Gültigkeit hatte. Dies war dann der Beginn der römisch-katholischen Kirche. Eine Bibel, unterteilt in das Alte und Neue Testament. Eine Bibel, in der einen ganz wesentlichen Anteil die jüdischen Schriften ausmachten. Denn auch die jüdischen Gelehrten waren als Bischöfe und Kleriker an dem Konzil zu Nicäa zugegen. Um nun diese vielen Schriften zu einen, erschuf man einen neuen „Arbeitsbereich" – die Mönche entstanden. Man bedenke, dass es ausschließlich männliche Personen waren, die mit der Aufgabe vertraut gemacht wurden, Schriften zusammenzuführen, um sie in einer Einheitsbibel zu dokumentieren. Das war wahrlich keine leichte Aufgabe. So könnte man auch sagen, die Vorläufer der nun neu entstandenen Arbeitsgruppe von Mönchen waren erstmals Gelehrte und Historiker, eben Menschen, die mit den Glaubensrichtungen konform gingen, lesen und schreiben konnten.

Ich will jetzt auch nicht wirklich darüber nachdenken, was dabei herauskam, so viele Schriften und Gedankenmodelle von über 300 Denominationen auf ein einziges Buch zu reduzieren.

Und wenn ich dann noch daran denke, dass es die Basis des seit dem Konzil zu Nicäa gelebten Christentum ist, müsste ich mir schon fast die Frage erlauben, ob man hier das Wort „Christi" nicht verunehrt, indem man „Christus" damit in Verbindung bringt. Aber wie schon gesagt, dies soll hier nicht thematisiert werden.

Wir kommen zurück auf die Geschichtsschreiber, bzw. „Dokumentenzusammensteller", wie ich sie besser nennen sollte. Allesamt waren sie männlicher Natur. Auch kamen sie aus dem griechisch-römischen Raum, eben dem damaligen Großreich der Römer! Wir wissen nun aus dem Vorangegangenen, wie die Griechen und die Römer die Frauen in ihrer Gesellschaft werteten. Ich denke, das haben wir ausreichend beleuchtet. Jedenfalls lebten sie das Männliche und das Weibliche in einem Trennungsgedanken.

Doch es gab zur damaligen Hochkultur der Griechen und eben abgelöst durch die Römer eine weitere Hochkultur – eben die verschiedenen Völkerstämme im Mitteleuropäischen Raum, welche all dies anders sahen und auch lebten...

... und so komme ich zu der eigentlichen Geschichte.

Das gelebte Glaubensbekenntnis des Konzil zu Nicäa

Wie komme ich darauf, dass es eben genau die Glaubensbekenntnisse der Christenheit waren, begründet mit dem Konzil zu Nicäa, die das Weibliche noch mehr als es eben die Griechen und Römer taten, unterdrückten und gänzlich als ein unmündiges, nicht entscheidungsfähiges Wesen ansahen? Ihnen einige wichtige Kompetenzen absprachen und sie damit vom Männlichen „verwaltet" werden mussten?

Dazu müssen wir uns erneut auf eine kleine geschichtliche Reise hin zum römischen Reich begeben. Dort wo alles weiterging, nach dem Konzil zu Nicäa. Wie wir nun wissen, entstand dort das erste einheitliche Glaubensbekenntnis aus vielen verschieden Glaubens- und Gedankenmodellen, vertreten durch deren Würdenträger.

Nachdem es nicht ganz so einfach war, so viele Glaubensrichtungen zu „einen", kam es bereits im Jahre 451 n. Chr. zu einer grundlegenden Spaltung des sog. einheitlichen Glaubensbekenntnisses nach dem Konzil von Nicäa. Das Unvermeidbare geschah und die östlichen Patriarchen trennten sich nun von den westlichen.

So entstand auch der Unterschied zwischen dem römisch-orthodoxen Patriarchat, wie man es damals nannte und dem römisch- katholischen Patriarchat. Patriarchat deshalb, weil sie es waren, die als „männliche" Würdenträger die gesellschaftliche Ordnung außerhalb der Politik, also der Kaiser und Könige, überwachten.

Dafür wurden sie gesetzlich eingesetzt. Die Ordnungsstruktur selber wurde bereits im 1. Glaubensbekenntnis zu Nicäa formuliert. Es wurde also etwas geschaffen, was es zu überwachen und zu verwalten gab. Hier möchte ich noch einmal darauf hinweisen, dass es ausschließlich männliche Wesen waren. Nicht um zu werten, sondern erneut zu verdeutlichen, was historisch „wie" und „warum" passierte.

Die Patriarchen des weströmischen Reiches waren es, welche die Ordenssysteme in die einzelnen Länder brachten. Ordenssysteme sind Glaubensgemeinschaften, die in Gruppierungen gebildet wurden. Erst später entstanden dann die Klöster und Kirchen, wie wir sie heute kennen. Sie sorgten dafür, dass ihre Glaubensbekenntnisse, und bitte denken Sie daran, wie diese entstanden sind, überall hin verkündet wurden. So war es nur konsequent, dass man, um ein solches Unterfangen zu ermöglichen, eine Struktur und einen Rahmen benötigte. Diesen schafften sie, indem sie „Ordensgemeinschaften" gründeten. Sie kennen sie alle, die Augustiner-, Franziskaner-, Dominikanerorden und viele mehr.

So war es, dass das weströmische Reich geographisch gesehen noch sehr stark in dem heutigen Mitteleuropa rein politisch und wirtschaftlich betrachtet zugegen waren. Die von den einzelnen Kulturen und Völkerstämmen, z. B. den Germanen, den Britanniern, den Galliern usw. besiedelten Gebiete, das heutige Europas, mussten, bereits teilweise durch die Römer unterworfen, ihre Lebensart verändern.

Sie lebten vorher anders. Sie hatten ihre Regeln und ihre Gesetze. Sie lebten, wie man heute, dank der Archäologen und einiger Historiker weiß, in einem entwickelten Sozialsystem und hatten weitestgehend eine einheitliche Sprache. Sie lebten in Frieden mit ihren Bräuchen und Ritualen.

Man könnte auch hier von einer Hochkultur sprechen, wenn wir nicht so wenig überlieferte Schriften aus dieser Zeit hätten. Vielleicht werden es unsere heutigen Archäologen sein, die das Rätsel um unsere Urahnen lösen werden. Denn aus den bisherigen schriftlichen Dokumentationen ist nicht allzu viel übrig geblieben. Und die, die wir haben, stammen aus den Federn der Römer. Interessant wie ich finde. Denn heißt es nicht „die Sieger schreiben die Geschichte"?

Doch was hat all dies mit der Hexenverbrennung aus dem Mittelalter zu tun?

Werfen wir noch einmal einen Blick auf die kulturellen Gegebenheiten der Kelten.

Sie lebten andere Strukturen. Aus der Archäologie und den wenigen römischen Schriften können wir entnehmen, dass sie vordergründig das soziale Leben, den Handel, die Gleichberechtigung des Männlichen und Weiblichen lebten. Sie führten keine unsinnigen Kriege und hatten wohl auch nicht das Bedürfnis, andere Ländereien einfach so zu vereinnahmen.

Sie achteten und sorgten sich um die Schwachen, die Alten und die Kinder. Sie lebten die Harmonie, was sie durch festliche Veranstaltungen und dem Handel äußersten. Sie lebten die Einheit zwischen dem Himmel und der Erde, was sich in den Ritualen und Bräuchen widerspiegelte. Sie lebten das Leben in ihrer Ganzheit und Friedfertigkeit. Sie hatten ein für sich stimmiges Glaubenssystem und kamen damit auch sehr gut zurecht. So möchte ich noch einmal auf die schriftlichen Ausführungen des römischen Historikers Tacitus hinweisen:

„(1) So leben sie denn in den Schranken der Sittsamkeit, durch keine lüsternen Schauspiele, keine verführerischen Gelage verdorben. Auf die Heimlichkeiten von Briefen verstehen sich Männer wie Frauen gleich wenig."

„(2) Fälle von Ehebruch sind bei dem so zahlreichen Volk eine große Seltenheit."

Finden Sie nicht auch, dass diese Beschreibung sehr viel vermittelt?

Und es gäbe noch so viele Ausführungen, die ich hier anführen könnte.

Bedauerlicherweise hatten sie aber nicht das gleiche Glaubenssystem wie die Römer selbst. So waren die Kelten für die Römer „Heiden". Zur damaligen Zeitepoche „paganus" – heidnisch genannt. Bedeutet so viel wie „nicht zu der monotheistischen Religion" und damit zum 1. Glaubensbekenntnis zu Nicäa gehörend.

Doch zunächst lässt sich geschichtlich darauf schließen, dass die Römer, nachdem sie in den europäischen Raum vordrangen, die sozialen Strukturen und auch die Lebensweise der Kelten erst einmal respektierten. Sie profitierten gegenseitig vom Handel. Auch wenn die römischen Söldner, die Völkerstämme, die sie vereinnahmten, unterwarfen und mit Sonderabgaben belasteten. Musste doch der ganze Aufwand – also das Vordringen in den europäischen Raum von irgendjemandem finanziert werden. Aber darauf möchte ich in diesem Buch gar nicht eingehen.

So hatten die Römer zunächst mit dem „Glaubensmodell" der Kelten kein Problem, da auch sie aus ihrer Vorkultur mit vielen Göttern und Mythen in Verbindung standen. Erst das durch die Christianisierung vereinheitlichte System, das per Gesetz durch die Römer definiert wurde, schaffte einen Raum zur Trennung.

Es dauerte auch bei den Römern, bis der Letzte zu einem Christen wurde. Somit war es auch für die Söldner, die außerhalb ihrer Heimat stationiert waren, nichts außergewöhnliches, die Unterwerfung der keltischen Stämme erst einmal als etwas sehr wirtschaftliches und politisches zu betrachten. Sie selbst, die Söldner, lebten ja auch noch ein altes Glaubensmodell außerhalb ihrer Heimat. Dieses Glaubensmodell war ebenso von Göttern und Mythen geprägt, weshalb sie das der Kelten durchaus respektierten und genehmigten. Schließlich hatten sie dadurch auch nichts zu befürchten. Ein Vermischen beider Kulturen blieb auch nicht aus, da die römischen Söldner teilweise schon sehr lange aus ihren eigenen Heimatdörfern weg waren, wenn sie denn Rom, als Zentrum ihres Reiches, überhaupt mal zu Gesicht bekamen. Man sah also die Vereinnahmung des europäischen Raumes eher wirtschaftlich und auch hier wieder mit ganz viel Pragmatismus.

So könnte ein Gedanke von ihnen gewesen sein: „Wenn sie uns das wirtschaftlich geben, was uns zusteht, dann lassen wir sie in Ruhe."

Doch gab es da noch einen weiteren Bereich, nämlich den der „Patriarchen – die Hüter der gesellschaftlichen Ordnung", nach den Glaubensbekenntnissen des Konzil zu Nicäa. Und diese nahmen ihre Aufgabe zunehmend ernster. So waren sie nicht nur im ursprünglichen römischen Herrschaftsgebiet unterwegs, sondern breiteten ihren Einfluss in Richtung des „heutigen zentralen Europas" aus! Sie folgten also den römischen Söldnern und bildeten für diese ebenso Ordensgemeinschaften wie für die Menschen in ihren Heimatorten. Das war auch zunächst kein Problem, denn die Kultur der Römer und die der Glaubensbestimmungen des 1. Konzils waren ja erstmal nicht unbedingt entgegengesetzt. Sie vereinten lediglich ihr Wertesystem und integrierten es in ein Glaubenssystem, was im Übrigen nicht mehr viel gemein hatte, mit dem was Jesus Christus hier auf dieser Erde gelehrt und gelebt hat. Doch auch das könnte ganze Bücher füllen, weshalb ich hier nicht darauf eingehen werde.

Mit der Ernennung des Christentums zur Staatsreligion im 4. Jh. (also aufbauend auf das erste Glaubensbekenntnis zu Nicäa), wurden auch staatliche Gesetze erlassen, die zur Überwachung und zur Einhaltung des Glaubens eingesetzt wurden. Bereits 380 n. Chr. wurden dann alle „nichtchristlichen Religionen" verboten. Die Überwachungen dieser Gesetze, wurde zunächst allerdings nicht ganz so streng genommen.

Erst als die frühmittelalterliche Missionierung im 6. Jh. begann, fingen die sogenannten „Wandermönche" an, das heutige Mitteleuropa, also den Lebensraum unserer Urahnen, verstärkt zu missionieren, um dort Ordensgemeinschaften zu gründen. So entstanden die ersten Klöster und Kirchen Mitteleuropas, um es sehr vereinfacht darzustellen.

Was ja erst einmal auch kein Problem gewesen wäre, wenn nicht...

...die Kelten eine so entgegengesetzte Glaubensrichtung gehabt hätten als die christlichen Römer.

Die Kelten, ich möchte es noch einmal wiederholen, lebten ein gleichberechtigtes Strukturwesen, während die Römer sehr patriarchisch und damit männlich orientiert waren. Frauen wurden in der keltischen Gesellschaft als ein Teil des Ganzen gesehen. Man unterschied nicht zwischen der Wertigkeit einer Frau und der eines Mannes. Die Römer taten es. Sie erließen sogar Gesetze, die das Leben einer Frau in ihrer Entscheidungsfähigkeit sehr einschränkten. Sie sahen die Frau, teilweise, als ein zu verwaltendes Wesen, sodass es mitunter auch einen Vormund dazu geben musste. All das hatten die Kelten nicht. Ganz im Gegenteil. Die Frauen handelten eigenverantwortlich, waren Entscheidungsträger und auch Würdenträger im Außen. Sie lebten mit und innerhalb der Gesellschaft. Die Kelten wussten um das Heilige in einer Frau, in einer Göttin, in einer Priesterin und aber gleichermaßen um das Heilige im Manne, dem Feuer, dem Gott, dem Magier.

Während die Römer nur den Priestern Beachtung schenkten, so erfuhren bei den Kelten auch Priesterinnen Beachtung.

Verstand und Herz – beides wurde miteinander verbunden, während es bei den Römern eher um den Verstand ging. Die Strategie, das Männliche eben.

Das Weibliche wurde missachtet und minder gewertet.

Die Kelten liebten Bräuche und Rituale. Sie bildeten sogenannte „Altäre", um ihre Dankbarkeit gegenüber dem Leben und auch der Erde sowie dem Himmel auszusprechen. Sie verstanden, dass wenn man seine Dankbarkeit in eine Ausdrucksform bringt, der Segen fließen kann. Sie redeten nicht von einem „Resonanzgesetz" – sie lebten danach. In der Gesellschaft (wie es schon Tacitus beschrieb) wie auch im Spirituellen. Sie ließen Frauen zu Göttinnen werden und Männer zu Göttern, als Sinnbild dafür, was für sie die Erde und auch der Himmel darstellte. Sie versuchten das, woran sie glaubten, auf diese Erde zu transportieren. Doch all dies stand im Widerspruch zu dem 1. Glaubensbekenntnis von Nicäa, bzw. dessen Ausdeutungen. Alles weitere nahm so seinen Lauf.

Damit es zu keinen Missverständnissen kommt, möchte ich erneut an dieser Stelle ausdrücklich darauf hinweisen, dass es mir nicht darum geht, die Kirche oder andere Religionen zu werten. Das soll nicht Ziel und Zweck dieses Buches sein und ist auch nicht meine Intention.

Es ist nur wichtig, um die Zukunft zu verändern, auch zu verstehen, was in der Vergangenheit gelebt wurde. Denn nur wenn wir auch in die Vergangenheit hineinblicken, können wir in der Gegenwart heil werden. Dazu ist es eben notwendig, Begebenheiten aus der Vergangenheit anzuschauen und sie zu benennen. Sie nicht zu verdrängen oder zu unterdrücken. Man muss, wenn man so will, einmal der Wahrheit, und sie kann richtig „schmerzhaft" sein, ins Auge sehen.

Denn wie oft werden wir in unserem Inneren mit alten Wunden konfrontiert, die nicht gut verheilt sind. Sie eitern und entzünden sich. Dazu ist es notwendig, diese nicht einfach zu ignorieren, was den Schmerz im Inneren unterschwellig brodeln lässt, sondern noch einmal hinzuschauen, sie zu reinigen, um sie dann gesund zu pflegen. Das ist dann die wahre Heilung. Heilung findet dann statt, wenn wir die Vergangenheit mit der Gegenwart und der Zukunft verbinden.

So schauen wir oft weg, oder überdecken das Eine oder Andere sehr gerne, aber dadurch können wir nicht in die Heilung gehen. So wünsche ich mir, dass wir diese Informationen dazu verwenden, die Schmerzen, die uns einst zugefügt wurden, insbesondere dem weiblichen Geschlecht, in die Heilung zu geben. Doch dazu müssen wir noch etwas tiefer in unsere Vergangenheit eintauchen!

Sie werden sich vielleicht fragen, okay, aber was hat all dies mit der Hexenverbrennung zu tun?

Die Christianisierung in Europa

Die traditionellen Feste der Kelten, begonnen mit dem „Beltane" – sie erinnern sich, es war das Fest des Weiblichen, der Göttin, der Fruchtbarkeit für Mensch, Tier und Land, begannen diesen „Ordensgemeinschaften" zu widerstreben.

Zu Beginn der Christianisierung in Mitteleuropa war das Patriarchat, also die Hüter der gesellschaftlichen Ordnung, die per Gesetz von den Römern dazu eingesetzt wurden, in der Minderheit. Die römischen Söldner, die in Teilen des heutigen Mitteleuropas stationiert waren, sahen es, wie schon beschrieben, als ein wirtschaftliches, politisches und geographisches Unterfangen. Sie wollten Ländereien, Bodenschätze und Macht! Dies übte man in einer sehr männlichen Art und Weise aus, indem man ganze Völkergruppen unterwarf!

Doch für Glaubensbekenntnisse hatten sie zunächst selbst nicht viel übrig. Irland, als erstes europäisches Land, wurde im 5. Jahrhundert zentral „christianisiert". Es bildete sich eine Kultur der „Wandermönche", die sich in der Verpflichtung sahen, das nun definierte Glaubensbekenntnis nach dem Konzil zu Nicäa flächendeckend zu verkünden.

Sie nahmen ihre Aufgabe als „Hüter der gesellschaftlichen Ordnung und auch Hüter des Gesetzes" sehr ernst.

So waren es die irisch-schottischen Wandermönche des frühen Mittelalters, so zwischen dem 6. und 9. Jahrhundert, die damit begannen, die „Christianisierung" innerhalb Europas zu verbreiten, indem sie von Ort zu Ort zogen und ihren Glauben den Menschen mitteilten.

Sehr schnell dann, schon im 7. Jh. verzeichnete man bereits rund 300 Klöster, in West- und Mitteleuropa.

Der heilige Bonifatius war es, der im 8. Jahrhundert die „keltische Religion", wie man es bezeichnete, als nicht akzeptabel wertete und deren Unterwerfung unter Rom forderte.

Die zweite Welle, ebenso durch die irisch-schottischen Wandermönche ausgelöst, begann dann im 11. Jh., dem Beginn des eigentlichen Mittelalters. So wurden sie immer mächtiger, auch durch die offizielle Gesetzgebung unterstützt.

Keltische Priester durften ihrer Glaubensgemeinschaft nach heiraten und verheiratet werden, was ebenso ein Dorn im Auge Bonifatius war. So bezeichnete er sie als falsche Propheten, Götzendiener und Ehebrecher. Diese Bezeichnung aufgrund der Bibel, die mit dem 1. Konzil zu Nicäa geprägt wurde, war ja nun „einheitlich" definiert und wurde durch das römische Gesetz legitimiert.

Um Ihnen nur einen kleinen Eindruck zu vermitteln, wie man darüber dachte, hier ein kleiner Auszug aus den Vorschriften „Karls dem Großen im 9. Jh":

Capitulatio de partibus Saxoniae :

8. Sterben soll, wer Heide bleiben will und unter den Sachsen sich verbirgt, um nicht getauft zu werden oder es verschmäht, zur Taufe zu gehen.

21. Wer Gelübde nach heidnischem Brauch an Quellen, Bäumen oder Hainen darbringt oder nach heidnischem Brauch opfert und ein Gemeinschaftsmahl zu Ehren der Götzen veranstaltet, zahlt als Edeling 60, als Friling 30, als Late 15 sol. Und wenn er das Geld nicht hat, soll er es im Dienste der Kirche abarbeiten.

(Quellnachweis No. 1 - Anhang)

So könnte ich hier noch weitaus mehr Menschen, die heute von uns verehrt und hochgeachtet werden, aufführen, die in der Geschichte dafür sorgten, dass das unvermeidbare geschah. Doch wie schon erwähnt, geht es mir nicht darum, irgendjemanden an den Pranger zu stellen.

Nachdem nun zwischenzeitlich bedeutende Persönlichkeiten, also Könige und Herrscher unserer Urahnen zum Glauben der Römer konvertierten, teilweise aus strategischen Gründen sogar mussten, wurde das ganze Geschehen zunehmend auf der gesellschaftlichen, politischen Ebene ausgetragen. Ganze Glaubenskriege entstanden. Sie erinnern sich – die Kreuzritter! Ja, sie wurden nun politisch eingesetzt, um das römische Gesetz zu erfüllen. So kämpften mit einem mal Länder gegen Länder, weil sich deren Könige in der Glaubensfrage entsprechend positioniert sahen. Und so kam es dann auch schließlich zu der in vielen Einzelheiten dokumentierten Hexenverbrennung, auf die ich nur sehr oberflächlich eingehen möchte.

Die Frauen als Gegenspieler zum Patriarchat

Das Wort Kirche entstand.

Aus dem keltischen Sprachgebrauch, stehend für die „keltischen Christen".

Zur Hexenverbrennung kam es, weil die Priester der Christen die „Priesterinnen und Magier" der Kelten als „Hexen" definierten.

Das Wort Hexe aus der Etymologie bedeutet erstmal nichts anderes als Wicca – ‚der Zauberer'. Die Hexe ist im magischen Sinne befähigt, Wandlungsprozesse durchzuführen, gleich einem Alchemisten. So verstanden es seinerzeit keltische Priesterinnen und Priester, Magierinnen und Magier, Dinge zu tun, die der römischen Christenheit fremd waren. Und alles was uns fremd ist, bedeutet zunächst Gefahr.

Und immer dann, wenn wir uns in einer Gefahr sehen, haben wir Menschen das Gefühl, uns dagegen wehren zu müssen. Also ist auch das erst einmal ein ganz natürlicher Vorgang. Haben also die römischen Söldner, weil sie ja bereits seinerzeit auch mit ihren Magiern konfrontiert waren, zunächst keinerlei Notiz von den Ritualen und Bräuchen der Kelten genommen, so war es bei den „Hütern der gesellschaftlichen Ordnung", also den Patriarchen, anders. Sie schauten genau hin, was geschah und wie diese Bräuche gelebt wurden.

Die tatsächlichen Priesterinnen oder Magier der Kelten verstanden es, ihre Fähigkeiten zum Wohle der Gesellschaft einzubringen, was sich ja auch in der Gesellschaft widerspiegelte. Sie lebten im Einklang mit der Natur und in einem harmonischen Miteinander.

Selbst Tacitus berichtet, dass das Töten von Menschen, nicht mal schnell so vonstatten ging, weil es ein Herrscher so entschied!

So heißt es in einem Auszug aus seinem Bericht
„DE ORIGINE ET SITU GERMANORUM LIBER"

„(2) Übrigens hat weder zum Strafen, noch zum Fesseln, noch auch zum Züchtigen irgendjemand die Befugnis außer den Priestern, und auch diese nicht wie zur Strafe oder auf des Anführers Geheiß, sondern gleichsam auf Befehl des Gottes."

Ist es nicht verwunderlich, dass wir, obgleich es unsere nächsten Ahnen sind, doch so wenig von ihnen wissen? Was ist hier passiert, dass man bei einer ganzen Volksgruppe (die Kelten, die Sasen, die Germanen usw.) die Identität sterben ließ? Was, wenn es genau das Weibliche war, die Bedeutung dessen und wie man es in unserer mitteleuropäischen Vorkultur auslebte, was dem römischen Patriarchat und damit den der Ordensgemeinschaften, später dann der Kirche, nicht passte?

Die Inquisition und Hexenverbrennung

Und so kam es, dass als Ketzer bzw. Häretiker jeder bezeichnet und dem entsprechenden Urteil unterworfen wurde, der das kirchliche Dogmatikum und dessen Glaubenssätze bezweifelte, hinterfragte oder gar verleugnete. Dabei spielte es zunächst keine Rolle, ob männlich oder weiblich.

Die einheitliche Lehrentscheidung der Christen entsprach natürlich keineswegs der der „keltischen Volksgruppen".

Und so wurden auch die Römer, die sich bereits mit den keltischen Stämmen aufgrund der Belagerungszeiten verbunden haben, ebenso Gegenspieler der „römisch katholischen Kirche" wie die Kelten selbst! Die Kirche mit ihren Glaubensbekenntnissen, unterstützt vom Gesetzgeber der Römer, gewann immer mehr an Macht und mischte sich zunehmend in die weltlichen Institutionen ein. So mussten Herrscher, Kaiser oder Könige sich entsprechend danach richten oder kämpften um ihren Machterhalt.

Die ersten Urteile wurden gesprochen. Dokumentiert beginnend schon ab ca. 385 n. Chr. mit dem spanischen Häretiker Priscillian, der mit weiteren Gefährten in Trier hingerichtet wurde.

Richtig schlimm wurde es dann im Mittelalter, als abertausende Menschen auf brutalste Art und Weise gefoltert und dann hingerichtet wurden.

Wie bereits gesagt, erst einmal nicht unterscheidend zwischen männlich und weiblich.

Doch jetzt kommt etwas ganz Spannendes.

Einfach so eine ganze Volksgruppe mal schnell zu bekehren war ja nicht ganz so einfach. Noch dazu, wo diese Volksgruppe sehr standhaft und zur damaligen Zeitepoche sehr gebildet war. Standhaft, weil sie in sich einig waren. Gebildet, weil sie über eine Intelligenz verfügten, die es möglich machte, über Jahrhunderte ein harmonisches Sozialgefüge zu leben und das nur basierend auf den Daten, die uns heute vorliegen. Wer weiß, vielleicht gab es sie schon sehr viel länger? Ein Miteinander innerhalb einer Familienstruktur, der kleinsten Einheit. Ganze Handelsketten wurden erschlossen, wunderschöne Kostbarkeiten entstanden, Kostbarkeiten, die den internationalen Handel möglich machten und damit auch ganze Volkgruppen gedeihen ließen. Sie redeten nicht davon, sie lebten diese Einheit, angeschlossen an die Natur. Sie brachten ihr ihre Wertschätzung entgegen und äußerten dies über Feste, die sie nur zu gerne veranstalteten.

Und was noch viel entscheidender war, diese Menschen lebten innerhalb ihres Systems eine Einheit zwischen dem Männlichen und Weiblichen. Sie lebten Gleichberechtigung, Sie ließen das Weibliche, das Herz sprechen, aber auch das Männliche, den Verstand. Sie kombinierten beides miteinander, ohne eine Wertung innerhalb dieser Beziehung durchzuführen.

Und nun kamen die christlich-katholischen Mönche und predigten eine ganz andere Ideologie, nämlich das heutige Alte und Neue Testament. Bestehend aus Schriften, die nach dem Konzil zu Nicäa von „Dokumentenzusammenstellern" zusammengetragen wurden. Bei denen Frauen nichts wert waren und verwaltet werden mussten. Frauen, welche eher als Schandfleck der Gesellschaft gewertet wurden. Denn sie war es ja auch, die Adam zur Sünde verführte. Und das alles unter dem Deckmantel „Jesus Christus" Ich würde ihn heute gerne dazu befragen, ob das alles mit seiner Lehre, nämlich der „Liebe" konform ging, oder ob man auch hier Missbrauch betrieben hat. Missbrauch an seinem Namen und an seiner Lehre.

Die Sichtweise der Kelten, allein schon auf die Frauenwelt, war ihnen ein „Dorn im Auge" und dann auch noch die Herrschenden, die Priesterinnen, die Magierinnen, die Rituale durchführten und im Außen ganze Völkergruppen anführten. Das ging nun wirklich zu weit.

Die Kirche, ihren Einflussbereich innerhalb der ersten tausend Jahren n. Chr. stark ausweitend, konnte nun sehr viel mächtiger als „Hüter der Glaubensbekenntnisse" auftreten. Es gab nun flächendeckende Klöster, Kirchen und Ordensgemeinschaften. Krieger, wie die Kreuzritter wurden rekrutiert, um dem Ganzen militärischen Ausdruck zu verleihen. So komme ich hier wieder zurück auf das keltische Fest „Beltane".

Es war das Fest der Weiblichkeit, das Fest der Fruchtbarkeit. Das Fest, bei dem sich das göttlich Männliche mit dem göttlich Weiblichen vereinte, Sie erinnern sich?

Das Fest des Feuers, entzündet durch die Druiden. Priesterinnen, die das Feuer hüteten. Das Fest der Dankbarkeit zu Mutter Erde. Die Sonne wurde gefeiert. Die nun lange, kalte Jahreszeit verabschiedet. Die Wärme, das Leben begrüßt. Die Fruchtbare Periode eingeläutet. Der Samen konnte nun gesät werden. Die Empfängnis stand bevor.

Doch was machten die „Hüter der Glaubensbekenntnisse" damit?

Sie löschten genau dieses Fest, das Fest des Weiblichen, aus den Geschichtsbüchern, indem sie es durch ein anderes ersetzten. Sie verboten es und besetzten es mit Strafen, sollte es dennoch gefeiert werden. Sie ersetzten es durch ihr eigenes Fest! Es war das Fest der „Walpurgisnacht". In den Schriften des Alten und Neuen Testamentes werden Sie darüber nichts lesen, dass ihr Gott so eine Feierlichkeit vorgab.

Wenn Sie mich fragen, ein sehr patriarchischer, taktisch vermeintlich kluger Schachzug, um das Weibliche sterben zu lassen – doch wurden die Zeitqualität und das Resonanzgesetz dabei nicht berücksichtigt und dass die Vergangenheit eben jeden einmal einholen wird! Sie nannten es die „Walpurgisnacht". Sie wussten, dass die keltischen Stämme, wie die Sachsen, Gallier, Germanen, und wie sie alle hießen, ihre Bräuche und Rituale liebten. Diese durfte man ihnen nicht nehmen. Sie wussten, dass sie etwas Vergleichbares erschaffen mussten. Und so kreierten sie, aus dem Nichts, einen neuen Brauch, der sich dann über die Jahrhunderte bis in die heutige Zeit durchsetzen würde.

Walpurgisnacht! Wie kam sie zustande und was genau passierte da?

So entzündeten sie auch zu „Walpurgis" ein Feuer! Doch es war das Feuer der „Hexenverbrennung"!

Walpurga, geboren im heutigen Südengland, verwandt mit dem bereits erwähnten Bonifatius, reiste im 8 Jh. nach Germanien. Zu ihrem Gedenken wurde das Fest „Walpurgisnacht" erdacht.

So erzählt man sich, gingen Wandermönche umher und verbreiteten die Geschichte: „Auf den hohen Hügeln, zum Feste der „Beltane" verbinden sich Hexen mit dem Teufel. Sie verkehren mit Dämonen und verunreinigen das Land! Sie schädigen Mensch und töten Tier!"

Wie erwähnt, wurde nun flächendeckend das offizielle Fest der „Beltane" seitens der Patriarchen verboten und mit Strafen belegt. So soll auch Martin Luther gesagt haben „Sie schaden mannigfaltig. Also sollen sie getötet werden. Ich will der Erste sein, der Feuer an sie legt."

Man hat zur gleichen Zeit, also dem vierten Vollmond im Jahr ein Fest ausgerufen, an dem auch das Land gesegnet wurde. Es wurden ebenso Feuerstätten auf hohen Hügeln errichtet. Doch Zweck dieser Feuerlegung war das Vertreiben von Hexen und Dämonen. Interessant hierbei, dass man ebenso eine Frau an die Spitze dieses Festes gesetzt hat. Eine Frau, die zu diesem Zweck erst heiliggesprochen werden musste, so sagt man!

Ein neuer Brauch wurde geschaffen! Ein Brauch, der zunehmend, unter den einzelnen Völkergruppen verbreitet und gefeiert wurde. Es wurde der gleiche Tag dafür angesetzt und auf ebenso hohen Hügeln tanzte und feierte man. Also blieb die Symbolik recht ähnlich der, der keltischen Feste. Nachdem „Beltane" das Fest der Priesterinnen und Priester war und die restliche Bevölkerung darin nicht involviert war, musst man also nur noch lange genug davon predigen und die Menschen würden es glauben! So würde eines Tages keiner mehr wissen, was denn der Ursprung dieses Festes war. Ein Fest, das im Übrigen bis heute noch auf der ganzen Welt als solches gefeiert wird.

So wurde dieses Fest allmählich ein Brauch, der bereits einen flächendeckenden Bekanntheitsgrad erreichte. Man nahm durch die Feste auch die keltischen Bevölkerungsgruppen mit, Sie erinnern sich, ihre Bräuche und das Feiern liebten sie, man konnte es ihnen nicht nehmen, aber wandeln!

Mit Zunahme der Christianisierung war es dann genau das Fest der Walpurga, das zur „Hexenverfolgung" gewandelt wurde. Denn die weiblichen Priesterinnen der Kelten, hielten an diesen Festen fest. War es doch, ihr noch gebliebener Ausdruck ihrer Kultur, wofür sie über Jahre, Jahrzehnte vorbereitet wurden. Sie ließen es sich nicht nehmen.

So wurden die Hetzkampagnen gegen diese Frauen immer schlimmer und in ihrer Ausdrucksform immer unmenschlicher. Man sagte, es seien Hexen und Magier, die mit dem Teufel einen Bund geschlossen haben und müssen daher ebenso verbrannt werden.

Das Feuer wurde auch hier symbolisch eingesetzt, jedoch um den Weg frei zu machen, für eine neue „Weltreligion". Einer Religion, die das Weibliche gefügig machte, kontrollierte, absonderte und als eine Gruppe von Menschen darstellte, die die Ursünde in sich trug. Man machte sie dafür verantwortlich, dass sie, das sündige Weib, ihre Sünde durch ihre Empfängnis und damit auf alle anderen Menschen übertrug!

Ich möchte diesen Gedanken gar nicht tiefer denken! Diese Urreligion, dann später auch vom Islam übernommen und durch Mohamed erweitert, lässt heute noch die Frauen in einem Bilde stehen, das ihnen nicht zu Eigen ist.

Frauenklöster aus einem patriarchischen und pragmatischen Gedanken heraus gegründet: Lieber zentralisieren und damit kontrollierbar, als unterm Volk verteilt und nicht mehr überwachbar. Denn man wollte die Frauen ja lediglich gefügig machen.

Ein Stimmrecht war nicht erwünscht; freie Entscheidungen zu treffen ebenso nicht! Geschweige denn als Würdeträger im Außen zu fungieren und ganze Völkergruppen anzuleiten! Ist es nicht eine Ironie des Schicksals, dass es genau das Fest der „Beltane", das Fest bei dem das weibliche, empfangende, nährende Prinzip gefeiert wurde, dann durch das Fest der „Walpurga" zum Tod des Weiblichen führte?

Ein Fest, bei dem ursprünglich das Feuer durch Druiden entzündet wurde, auf das Leben entstehen konnte, es genau das gleiche Feuer war, welches Leben beendete?

Ein Feuer, das auf hohen Hügeln vollzogen wurde, damit ein jeder Zeuge dieses „heiligen Rituales" wurde, und eben dieses Feuer dann von den „Hüter der Glaubensbekenntnissen" ebenso auf hohen Hügel gezündet wurde, um das Ritual der „Dämonenaustreibung" sichtbar werden zu lassen? Ein Fest, das in vielen Ländern dieser Erde, unwissend darüber wie es entstand, immer noch gefeiert wird?

Ich wünschte, wir würden in diesem Punkt wieder zu den Ritualen unserer Ahnen zurückkehren!

Erneut möchte ich ganz entschieden darauf hinweisen, dass es mir hier lediglich um die Aufklärung geht und nicht darum, die Kirchenvergangenheit aufzurollen, um damit eine Hetzkampagne anzuzetteln. Doch ist es wichtig, wenn man denn in die Heilung gehen möchte, die wahrhaftige Vergangenheit unserer Ahnen zu wissen und ihre Rituale und Bräuche zu verstehen!

Sie erinnern sich, es ist wichtig, die Vergangenheit mit der Gegenwart und der Zukunft zu verbinden!

Dieser Teil der Geschichte entspricht also einem kleinen Teil der Frauenvergangenheit, jedoch einem sehr bedeutenden, wie ich finde! Einen Teil unseres kollektiven Daseins als Frauen tragen wir nun in uns. Lassen Sie uns diesen Teil des kollektiven Schmerzes in die Heilung bringen!

Es ist also nicht verwunderlich, dass sich die Frauen erst Ende des 19. Jahrhunderts, dann zur Mitte/Ende des 20. Jahrhunderts aus den energetischen Folgen der Inquisitionsmaschinerie und der Jahrtausende langen Missachtung ihres Geschlechtes, überhaupt herausbewegen konnten, wenn sie es denn energetisch überhaupt jemals geschafft haben.

Doch WIE ist das passiert?

Und dient das WIE noch unserer heutigen Gesellschaft?

Energetische Interpretation der Hexenverbrennung

Wenn man betrachtet, dass ein Verbrennungsvorgang nicht nur auf der körperlichen Ebene stattfindet, sondern auch auf viele verschiedene energetische Felder einwirkt, dann kann man nur erahnen, was diese große „Verbrennungsaktion" im Mittelalter, bei lebendigem Leibe, mit der vorangegangen Folter, mit uns als Seelen gemacht hat. Der Einfachheit halber gehe ich ganz persönlich von der Annahme aus, dass wir mehrere feinstoffliche Körper besitzen und damit spirituelle Wesen sind. Auch gehe ich davon aus, dass wir als Menschheit dem Inkarnationszyklus unterliegen, worauf sich alle weiteren Annahmen aufbauen. Ich werde daher für alle weiteren Ausführungen zum Thema „energetische Interpretation" diese Annahme als Basis verwenden.

Es gibt zu diesen Themen mittlerweile genügend Beweis- und Informationsmaterial, sodass ich auf diese Annahmen inhaltlich nicht näher eingehen möchte, da dies ein eigenes Buch füllen würde. Der Leser möge sich hier, falls es ihn interessiert und er mehr darüber erfahren möchte, sich selbst ein Bild verschaffen und seine eigene Meinung dazu bilden. Ich möchte in diesem Buch weder eine Grundsatzdiskussion über die Religionen führen, noch darüber, ob wir unendliche und damit geistliche, unsterbliche Wesen sind oder nicht.

Dieses Buch soll einen weiteren Denkansatz ermöglichen, warum wir, insbesondere wir als Frauen, uns in der heutigen Situation befinden und wie wir es schaffen können, über den Weg der Herzheilung, die doch sehr verfahrene Situation der Frauen und Mütter in eine andere Richtung zu bewegen.

Wenn wir nun also davon ausgehen, dass wir aus mehreren Körpern bestehen, nämlich unter anderem dem:

Physischen Körper -
grobstoffliche, sichtbare Ebene

Ätherischen Körper -
feinstoffliche Ebene

Astralkörper/Emotionalkörper -
feinstoffliche Ebene

Mentalkörper -
feinstoffliche Ebene

Kausalkörper -
feinstoffliche Ebene

so müssen wir gleichermaßen davon ausgehen, dass sich das Feuer, durch die Verbrennungsvorgänge im lebenden Zustand, nicht nur auf unseren physischen Körper ausgewirkt haben muss, sondern auch auf der feinstofflichen Ebene (für uns nicht sichtbar, jedoch messbar).

Aus energetischer Sicht sind die feinstofflichen Körper sehr viel größer als unser physischer Leib. Unser gesamter feinstofflicher Körper ist gleichzusetzen einem

Feld. Einem eigenen Torus. Ein Torus, wie wir ihn von der Erde als „Erdmagnetfeld" kennen. Ein solches Feld besitzen auch wir als Individuen. Ein Feld, das Informationen speichert und weitergibt. Somit haben wir ein Speichermedium und gleichermaßen einen Informationsträger, der auf feinste Schwingungen und Frequenzen reagiert und mit ihnen interagiert. Unser gesamtes Zellsystem auf physischer, also körperlicher Ebene interagiert mit unserem eigenen Torusfeld. Ein Speichermedium mit Informationen aus vielen gelebten Leben.

Doch was ist ein Speichermedium bzw. ein Informationsträger und welche Informationen wurden gespeichert?

Als Speichermedium könnte man eine Substanz bezeichnen, gleich einer Festplatte, welche die Möglichkeit und auch die Voraussetzungen mitbringt, Informationen, also Daten, einzuspielen und zu speichern.

Es muss also ein Speichermedium selbst, somit die Festplatte, vorhanden sein und dann auch noch die Information, die Daten dazu.

Wenn denn nun unser Feld aus einem einzigen Energiefeld besteht, so könnte man fragen, was ist dann dieses Energiefeld?

Unsere heutige Physik kann uns nur sehr unzureichende Antworten dazu liefern. So heißt es, dass sie zwar die Phänomene, die auftreten versuchen zu benennen, sie aber in ihrem Ursprung und auch in ihrem Wesen nicht verstehen und erklären können.

So hat man z. B. beobachten können, dass Magneten Eisen anziehen, hat dem Ganzen einen Namen gegeben, nämlich Magnetfeld, hat es auch in Formeln gepackt und den Vorgang erklärt, aber das Wesen des Magnetfeldes nicht verstanden, geschweige denn, dass man es erklären kann. Im Übrigen gleichzusetzen mit der „Erfahrenswissenschaft" der Astrologie. Der Mensch beobachtet und versucht, daraus etwas abzuleiten. Erste Thesen werden aufgestellt bis sie widerlegt werden.

So heißt es bei dem Magnetfeld, dass es die Anziehung und Abstoßung durch ein Medium (Eisen) zwar sichtbar werden lässt, es aber selbst lediglich aus „Energien" besteht. Deshalb verwende ich auch gerne das Wort Energiefeld – weil wir derzeit nichts Besseres haben, was das unsichtbare, uns umgebende Feld beschreibt. Aus der Biophysik oder auch der Biochemie heraus lässt sich sehr schön darstellen, dass wenn wir den menschlichen Körper auseinanderfallen lassen würden, wir eine einzige bestehende Molekularstruktur aus Atomen wären, die das „chemische Periodensystem" widerspiegelt. Wenn wir die Erde anschauen, so stellen wir fest, dass sie diese Bestandteile in sich trägt. Wenn wir die Atome und das chemische Periodensystem wiederum auf seine letzten Einzelteile zerfallen lassen würden, so wäre nur noch ein Energiefeld vorhanden. Ein Energiefeld, das über Frequenzen und Schwingungen interagiert.

Doch aus welchem Material bestehen Schwingungen und Frequenzen? Vermutlich aus Photonen – also Lichtteilchen oder Lichtwellen! Nur wirklich wissen können wir es noch nicht. Gehen wir also davon aus, dass unser Energiefeld ein einziges Lichtfeld, bestehend aus Photonen, also Lichtteilchen oder Wellen ist, das Informationen speichern und weiterleiten kann, so müssen wir davon ausgehen, dass wir alles was wir insbesondere emotional erleben – ebenso als Teilchen oder Wellen in unserem Feld speichern können.

So ist zwischenzeitlich bekannt, dass es ein individuelles und ein kollektives Energiefeld gibt! Ein Energiefeld, in dem sämtliche Informationen gespeichert sind! Ein Kollektiv deshalb, weil wir alle miteinander verbunden sind, wie bereits die Quantenwissenschaft erfolgreich belegen konnte. Vermutlich eben genau über diese Lichtteilchen bzw. Wellen der Photonen.

So wäre es auch hier nur konsequent darüber nachzudenken, WAS denn so alles in unserem Feld gespeichert ist und OB wir das auch noch so wollen? Und nicht zu vergessen, WAS MACHT diese gespeicherte Information mit uns und unseren Mitmenschen?

Und so möchte ich, nach dieser kurzen wissenschaftlichen Abhandlung wieder zurückkehren zum Thema Hexenverbrennung. Wenn wir also davon ausgehen, dass jede Information als Teilchen oder Welle irgendwo gespeichert ist, so können wir auch davon ausgehen, dass die Information der gesellschaftlichen Trennung zwischen dem Weiblichen und Männlichen auch gespeichert wurde.

Eine Trennung, die seit den Griechen, Römern und fortlaufend bis in unsere heutige Zeit, durch die Kirche gefördert und gelebt, viele Emotionen geschaffen hat und damit zu ganz viel Schmerz – Herzschmerz geführt hat.

Ich möchte ihn hier mal den kollektiven Schmerzkörper nennen.

Ein Schmerzkörper, der einerseits über die körperlichen Folterungs- und Verbrennungsvorgänge am lebendigem Leibe entstanden ist und andererseits über die seelische Vorgänge der Trennung. Ein Schmerz, der durch das missachtete, erniedrigte und das zu verwaltende Wesen „Frau" entstanden ist.

Doch was genau ist ein Schmerzkörper?

6. Definition des Schmerzkörpers

Was bedeutet es einen Schmerzkörper zu haben?

Und was macht dieser mit einem?

So gibt es einen individuellen Schmerzkörper und aber auch einen kollektiven Schmerzkörper.

Der Schmerzkörper spricht mit uns über den „emotionalen Körper", also mittels Emotionen. Sein Sitz ist die feinstoffliche Ebene, also eine für uns nicht sic htbare Ebene, jedoch sehr wohl spürbar. Und der Schmerzkörper, der Name sagt es schon, spricht mit uns mittels „schmerzlicher Emotionen".

Die im emotionalen Feld gespeicherten Informationen kommen je nach Situation zum Vorschein.

Hier schließt sich der Kreis. Somit können wir davon ausgehen, dass sämtliche Informationen über all unsere Inkarnationen, also diese vielen gelebten Leben, die mit starken Emotionen und Gefühlen einhergingen, auf dieser feinstofflichen Ebene in diesem Körper gespeichert wurden.

Im Laufe der Zeit und mit den vielen angesammelten Emotionen hat sich dann daraus ein sog. „Schmerzkörper" entwickelt. Ein eigenständiges Wesen! Ein Wesen, das auf seine ganz individuelle Art, nämlich mit „Emotionen" und „Gefühlen" mit uns in Kontakt tritt.

Wenn diese „Wesenheiten" manche nennen sie auch „Elementale" mit uns kommunizieren, was ist es also, was sie uns mitteilen möchten?

Zunächst vermutlich nur sich selbst! Ein Hinweis für uns, dass es sie überhaupt gibt! Erstmal sehr neutral und das machen sie über die Sprache der Emotionen.

Doch hinter diesen vielen Emotionen, seien es Wut, Trauer, Neid, Eifersucht, aber auch Freude, Frieden, Glückseligkeit usw., steckt etwas, das dafür gesorgt hat, dass wir diese Emotionen in uns tragen und damit auch empfinden.

Ich möchte es den „erlebten Schmerz" nennen. Wie Sie sehen, zähle ich den „erlebten Schmerz" nicht zu den Emotionen selbst.

Es ist unausweichlich, dass wir als Lebewesen auf diesem wunderschönen Planten Erde mit schmerzlichen Erfahrungen in Verbindung treten. Das hat weniger was mit der Erde selbst zu tun, vielmehr mit den sich darauf befindenden Erdbewohnern!

Allein unsere Erziehung, die kulturellen Unterschiede, das unterschiedlich gelebte Wertesystem, unser ganz individuelles Wesen, das ständig im Austausch mit anders strukturierten Menschen steht, lässt täglich so viel Potenzial zu, um schmerzliche Erfahrungen zu machen, die dann abgespeichert werden.

Ich glaube nicht, dass ich es kommentieren muss, wie schmerzliche Erfahrungen gemacht und anschließend in uns gespeichert werden. Ich denke, wir alle wissen es zur Genüge! Und dabei spielt es keine Rolle, welcher Herkunft sie sind, aus welcher Familienstruktur sie kommen oder welche Menschen sie um sich herum haben. All dies reicht aus, um die Erfahrung eines „erlebten Schmerzes" gemacht zu haben.

Vielmehr möchte ich darauf eingehen, was passiert, wenn eine Emotion, aufgrund einer gemachten Erfahrung, zum Vorschein kommt.

Und Sie kennen diese Situationen alle. Wir stehen einem Menschen gegenüber, es wird etwas gesagt oder getan und prompt – kocht es in uns hoch! Da ist sie, die Emotion! So meinen wir, die anderen waren es, die jetzt dafür sorgen, dass wir diese oder jene Emotion erleben. Der Gegenüber war es, der sich gerade eben nicht richtig verhalten hat und etwas tat, was sich in unseren Augen nicht gehört. Und ich darf ihnen sagen:

JA, der andere war es, in der Tat, doch in Ihnen lebt die Emotion dazu!

Und nachdem wir in so einem Moment, unseren Fokus mehr auf den Gegenüber lenken, anstatt auf uns selbst, sehen wir auch keine Veranlassung, darüber nach zu denken, was es eigentlich IN UNS macht!

Ja, so kann man sagen, die anderen sind in der Tat diejenigen, welche die Emotion aus uns herausholen, den Schmerzkörper sichtbar werden lassen, doch die Emotion selbst liegt in uns.

Der andere kann nichts aus uns hervorholen, was es nicht in uns gibt!

So ist die Emotion schon fast ein Hilfeschrei des Schmerzkörpers, indem er zu uns spricht:

„Hey ... siehst Du mich nicht? **Ich will erlöst werden, deshalb ziehe ich mir diese Menschen in Dein (zum Verstand gesprochen) Leben.
Jedoch nicht, damit Du dich darüber ärgerst, sondern damit Du mich erlöst."** - ein bisschen wie in der Serie "Bezaubernde Jeannie"

Doch wir verstehen es nicht. Wir meinen immer noch, es sind die anderen. Wir verstehen den Zusammenhang zwischen unseren eigenen Emotionen, egal welcher Art, und dem Menschen, der diese einfach nur hervorholt, nicht.

Und dann gibt es noch diese Menschen, die so viel Schmerz über sämtliche Inkarnationen hinweg erlebt haben. Die dadurch entstandenen Emotionen wiegen so schwer, dass sich diese Menschen entschlossen haben, ihren Emotionalkörper wegzusperren. Wer kann es ihnen auch verübeln! Sie schenken ihm schlichtweg kein Gehör mehr. Sie versuchen, alles mit ihrem Verstand zu begreifen. Doch eine Emotion kann man nicht mit dem Verstand begreifen. Es sind diese Menschen, die kühl und kontrolliert wirken. Sind sie vielleicht auch. Bei diesen Menschen ist es sehr viel schwieriger „Emotionen" hoch kommen zu lassen. Denn diese greifen auf ihren Emotionalkörper nicht mehr zu. Er wurde ja weggesperrt! So gibt es aber trotz alldem die angelegte Emotion. Sie wegzusperren heißt nicht, sie zu wandeln oder sie in die Heilung zu bringen.

Bei diesen Menschen bestehen die Gefahren der „Implosion", die Verbitterung. Es ist gewissermaßen eine Art Strategie, dem Schmerzempfinden aus dem Weg zu gehen, eben meist sehr männlich, pragmatisch und praktisch gedacht. Nur eben auch hier – die Zeitqualität und das Resonanzgesetz außer Acht gelassen. So kann man diese Tendenz sehr häufig tatsächlich bei den männlichen Wesen feststellen, weil sie, so wie es sich mir darstellt und das bitte nicht wertend gemeint, mit einem „erlebten Schmerz" anders umgehen, als das weibliche Geschlecht. Und damit vergleichbar wieder dem Beispiel mit der Wunde die zwar da ist, aber unterschwellig zu eitern anfängt. Der Schmerz wird verdrängt, das geht auch eine ganze Weile. Doch eines Tages reißt die Eiterwunde wieder auf, ganz von allein und meistens so unverhofft und zu einer Zeitqualität, in der man es überhaupt nicht erwartet! Dann tut's meistens noch mehr weh.

Medizinisch betrachtet könnte man auch davon sprechen, dass es die Art von Menschen ist, die unter dem „Borderlinesyndrom" leiden, weil sie sich eben nicht mehr spüren! Und um sich selber dann wieder spüren zu können, fangen sie an sich zu „ritzen" – sich künstlichen Schmerz zuzufügen. Was im Übrigen auf eine vielfältige Art und Weise möglich ist!

Also man muss schon fast DANKE sagen, wenn man überhaupt noch Emotionen in sich trägt, denn das ist ein gutes Zeichen dafür, dass man noch auf seinen Emotionalkörper zugreifen kann! Und auch finde ich es eine schöne Sache, dass wir, wenn wir das System dahinter verstehen, es selbst in der Hand haben, diese Emotionen zu wandeln, wenn nicht der zuletzt beschriebene Fall eintritt.

Die Frage stellt sich nur, wie bewusst oder unbewusst erleben wir unsere eigenen Emotionen? Also wie oft schaffen wir es, wenn wir emotional „geladen" sind, augenblicklich nach „innen" zu schauen? Hinweg vom Gegenüber und der Situation, die dafür gesorgt hat, dass unsere Emotion sichtbar wurde?

Energetische Sichtweise von Emotionen

Die Emotionalebene ist zunächst eine Ebene, auf der Informationen gespeichert werden. Diese Informationen haben eine Frequenz. Diese Frequenz wird in und um uns sichtbar, durch die Emotion. Emotionen, so könnte man sagen, sind daher nichts anderes als der Ausdruck einer Frequenz mit einer Eigenschaftsbelegung. Wenn wir also die Emotion, mit einer Eigenschaftsbenennung z. B. „Eifersucht" haben, so war die Eifersucht zunächst eine Frequenz. Erst die Benennung mittels Worten, also in unserem Fall das Wort „Eifersucht" macht eine Kommunikation zwischen uns Menschen möglich.
Doch auf was will ich hier hinaus?

Gehen wir ein Stück in die Vergangenheit, so kann man archäologisch vermuten, dass es bei den Steinzeitmenschen „Worte" zunächst nicht gab.

Die Sprachbildung kam erst mit der „Entwicklung der Menschen", also sehr viel später.

Früher wurden vermutlich einfach nur die Grundfrequenzen gelebt. Zu Beginn der Entwicklung konnte man die gelebten Frequenzen noch nicht benennen, es fehlte ja die „Sprachbildung" und damit deren Worte.

So gab es Grundfrequenzen für Haupteigenschaften, nämlich die Wut, die Angst, die Trauer, die Freude und die Liebe. Diese Grundfrequenzen der Haupteigenschaften waren für die Steinzeitmenschen spürbar und wurden vermutlich auch sofort ausgelebt. Bei der Emotion Wut ist man einfach aufeinander losgegangen, bei der Angst davongelaufen, bei der Trauer hat man zu weinen begonnen, bei der Freude einen Tanz veranstaltet und bei der Liebe – naja, die steht für sich selbst. Man hat diese Frequenzen einfach nur augenblicklich, wenn sie vorhanden waren, ausgelebt.

Mit der weiteren Entwicklung der Menschen kam dann die Sprache hinzu. Mit der Sprache die Bildung. Mit der Bildung die Differenzierung der Sprache und deren Ausdrucksform. Mit der Differenzierung die Selbstkontrolle. So haben es manche Menschen im Laufe der Inkarnationszyklen perfektioniert, diese Emotionen eben nicht mehr einfach „nur" auszuleben. Sie selbst lernten, sich zu kontrollieren, um dann die Emotionen zu kontrollieren. So ist es durchaus ein Entwicklungsschritt nach vorne, wenn man nicht einfach mal aus einer Wut heraus aus auf sein Gegenüber losgeht um ihm dann, im wahrsten Sinne des Wortes die Kehle durchzuschneiden, naja, nicht gut würde ich sagen.

So war die Bildung selbstverständlich dahingehend ein hilfreiches Mittel, diese Frequenzen, ausgedrückt in Emotionen, einfach nur mal abzuspeichern, wie auf einer Festplatte. Der nächste Entwicklungsschritt der Menschheit trat ein. Die Vorteile waren wie gesagt, dass man nicht vorschnell handelte, die Nachteile, es wurden Masken angelegt. Masken für sich selbst und damit auch sichtbar für andere.

Wie schon kurz angeschnitten, kam dann mit der Bildung und der Entwicklung der Sprache die Differenzierung der Frequenzen und deren Worte hinzu. Man hat Wut und Angst, als sog. „Negativemotion" in ihrer Grundfrequenz untergliedert und dazu Benennungen vorgenommen. Eine Benennung in Form von Eigenschaften. Dies könnte man mit den Worten Niedertracht, Hass, Neid, Eifersucht, Hinterlist, Missgunst, Schadenfreude beschreiben.

Bei den „Positivemotionen", der Freude und der Liebe, wurde dann untergliedert in z. B. Heiterkeit, Güte, Treue, Langmütigkeit, Friedfertigkeit, Herzlichkeit, Freigiebigkeit, Fürsorglichkeit um nur einige zu benennen.

Und umso gebildeter eine Kultur war oder ist, umso detaillierter und vielfältiger wurde die Sprache und deren Ausdrucksform.

Feinfühlige Menschen jedoch benötigen daher nicht erst einen sichtbaren Ausbruch einer Emotion, um sie zu benennen. Sie nehmen bereits die Frequenz der Eigenschaft auf, die ja als Information im Feld vorhanden und gespeichert ist.

Ob sie nun zum Ausdruck kommt oder nicht. Auch spielt es keine Rolle, ob sie verbal mit Lauten in unserer Sprache geäußert wird.

Anderen wiederum wird diese Frequenz im „Innen" erst bewusst, wenn sie für sie spürbar wird oder sich diese nach außen hin als gelebte Emotion zeigt. Dann erst kann sie für diese Person benannt werden. Und wenn etwas sichtbar wird, kann es geheilt werden.

So stehen wir, denke ich, als Gesellschaft vor einem weiteren evolutionären Entwicklungsschritt, nämlich, diese vielen gespeicherten Emotionen, wenn sie denn „negativer Art sind" in die Heilung zu bringen. Unser Informationsfeld zu klären, zu reinigen, auf dass anderen Informationen, die uns dienen und uns weiterbringen, Raum geschaffen wird. Auch werden wir vermutlich zukünftig wieder weniger über die Worte kommunizieren, weil wir es lernen werden, das Feld um uns herum zu verstehen und uns dessen Sprache zu bedienen!

So könnte man hier zusammengefasst folgende Darstellung machen:

Steinzeitmensch:
Laute wurden von sich geben. = Grundfrequenz (Wut, Angst, Trauer, Freude, Liebe) wurden unkontrolliert ausgelebt

Mensch vor der Antike:
Schaffung der Wortbildung = die Sprache entsteht

weitere Entwicklung = Differenzierung der Eigenschaften von Emotionen

weitere Entwicklung = Kontrollfunktion wurde eingebaut. Masken entstanden.

Je nach Entwicklungsstand des einzelnen Menschen werden Emotionen immer noch teilweise unkontrolliert ausgelebt, oder aber sehr vielfältig differenziert.

weitere Entwicklung = Bildung neg. Emotionen dürfen sichtbar gemacht und in die Heilung gebracht werden.

Gesellschaftlicher und auch individueller Frieden tritt ein. Denn nur wenn Emotionen in uns spürbar oder im außen sichtbar werden, können sie von uns wahrgenommen werden. Und nur eine Emotion, die wahrgenommen wird, kann in die Heilung gebracht werden. Vorausgesetzt wir gehören nicht zu der Gruppe der Seelen, die über die vielen Inkarnationen, ihren Emotionalkörper verschlossen haben! Hier entsteht weitaus höherer Handlungsbedarf!

Wenn wir dies in eine Formel packen würden, könnte sie lauten:

Erlebter Schmerz	= Information
Information	= Frequenz/Schwingung
Frequenz/Schwingung	= Benennung mittels einer Eigenschaft (z. B. Wut)
Wut	= Emotion
Äußerung der Emotion	= ausgelöst durch ein Gegenüber oder eine Situation

Emotionen – welche Auswirkungen haben sie auf unser Feld?

schlechte Emotionen	= erzeugen im Feld einen Energieflusswiderstand.
Energieflusswiderstand	= Blockade
Blockade	= Gedanken und Handlungen verändern sich
veränderte Gedanken und	= Persönlichkeitsveränderung hin zum Schlechten.
Persönlichkeitsveränderung	= ruft das Resonanzgesetz auf den Plan
Resonanzgesetz	= neue Blockaden und Widerstände werden ins Leben gezogen
ständig neue Blockaden	= kein Friede im Innen und Außen, keine Einheit, keine Liebe.

Das Gleiche lässt sich natürlich zum Guten hin genauso darstellen.

gute Emotionen	= unser Feld schwingt anders, schneller, klarer, reiner
Energiefluss wird erhöht	= Gedanken verändern sich Klarheit, Reinheit der Gedanken, Freude
erhöhter Energiefluss	= Resonanzgesetz steht auf dem Plan
Feld schwingt anders	= bei guten Gedanken, schöne Erlebnisse werden in unser Leben gezogen.
veränderte Gedanken	= innerer Friede, Freude, Liebe, Selbstwert kann gelebt werden.
Resonanzgesetz	= schöne Begebenheiten

Sie sehen wie wichtig es sein kann, seine Emotionen zu klären und damit den Schmerzkörper zu heilen und zu wandeln. Sie merken schon, ich setze nicht bei den Gedanken, also unserem Mentalkörper an, wie es viele tun, sondern gehe gleich in die Tiefe! Auch bezweifle ich, dass Sie über den Mentalkörper, also Ihre Gedanken, Ihre Emotionen verändern können. Und wenn doch, dann nur sehr unbedeutende, schwache Emotionen und in einem sehr langwierigen Prozess – mit sehr viel Willenskraft.

Doch lassen Sie mich Ihnen das zum besseren Verständnis anhand eines Beispiels erklären, wie Emotionen entstehen und welche Auswirkungen sie auf unser Leben haben können:

Sie, als Mann oder Frau, leben in einer Beziehung und lieben den anderen Menschen sehr. Sie verstehen sich und erleben ein für sie persönliches harmonisches Miteinander. Aus welchen Gründen auch immer, kommt es vonseiten Ihres Partners zu einem „Seitensprung" und dann möglicherweise zu einer Trennung. Denn das Gegenüber erlebt die gleiche Beziehung anders als Sie selbst. Was glauben Sie, was passiert in diesem Moment in Ihnen? Für Sie ist klar, dass diese Person das wichtigste für Sie ist. Es kommen zwei Faktoren zusammen.

Schock	= ein Trauma entsteht
Schmerz	= wir fühlen einen großen seelische Schmerz/ erlebter Schmerz

Eine für Sie völlig unerwartete Begebenheit. Sie werden nun mit einer Situation konfrontiert, mit der sie nicht gerechnet haben. Ein sogenanntes „Überfallmanöver".

Es schnürt Ihnen die Kehle zu, ihr Herz verengt sich. Der Schmerz, nun seelisch deutlich spürbar, überträgt sich dann oft auf die physische Ebene.

Herzenge, Herzdruck, Schmerz entsteht.

Wir wissen nicht, wie wir damit umgehen sollen. Das hat uns keiner beigebracht. Keiner hat uns gesagt, wie man mit dem „erlebten Schmerz" in unserer Gesellschaft umgeht. Was wir aber gelernt haben ist, dem anderen dafür die Verantwortung zu geben! Die Verantwortung dafür, dass wir diesen Schmerz gerade so stark fühlen! So ist die Schuldfrage gleich geklärt! Wir haben ja diesen Menschen auf unsere Art und Weise sehr geliebt und dachten auch Anspruch auf denselben zu haben. So wiegt dieser Schmerz sehr schwer! Dieser gefühlte Schmerz, der nun „erlebte Schmerz", hat eine Frequenz.

Diese Frequenz, des „erlebten Schmerzes" ist nun solange als Information in unserem Feld gespeichert, bis sie gewandelt wird. Doch auch das haben wir nicht gelernt. Schocksituationen verstärken diese Informationen noch um ein vielfaches, weshalb hier die Emotion auch sehr viel verstärkter zum Ausdruck kommt.

Sie benötigen nun einen Weg, mit dieser Erfahrung weiterleben zu können. Denn mit einem Dauerschmerz können Sie keine weitere Beziehung eingehen und würden vermutlich daran sogar eines Tages daran versterben.

Denn seelische Schmerzen können, wenn sie stark und dauerhaft vorhanden sind, extrem auf unsere Physis einwirken, die dann für den Körper nicht mehr tragbar sind. Man kann dies bei älteren Menschen beobachten, die sehr lange verheiratet waren und einer von beiden verstirbt. Der andere geht meist innerhalb kürzester Zeit nach, weil das Energiefeld bei älteren Menschen nicht mehr ausreichend vorhanden ist, um zu kompensieren. Der „erlebte Schmerz" wird einfach zu stark und ein dagegen angehen ist meist unmöglich. Dieser Vorgang wirkt sich dann sehr viel schneller auf die körperliche Ebene aus, der Tod tritt ein!

Kommen wir wieder zu unserem Beispiel zurück.

Sie, bzw. Ihr System braucht dazu also schnell eine Lösung. Eine Lösung, damit Sie weiterleben können. Aus dieser Information wird nun ein Schmerzkörper gebildet. Ein Schmerzkörper, der mit Emotionen, also mit Frequenzen, des nun gerade „erlebten Schmerzen" belegt ist. Eine Eigenschaft entsteht. Wir Menschen belegen durch unsere Sprachbildung, diese Frequenzen mit den passenden Wörtern und können sie nun benennen.

So wollen wir die Emotion und deren Frequenz dahinter in unserem Fall mit dem Wort „Eifersucht" benennen.

Dieser Schmerzkörper, bestehend aus der nun gespeicherten Emotion, ermöglicht es Ihnen weiter zu existieren. Allerdings immer mit einem „Warnsignal" – wie ein rotes Licht, das aufleuchtet, sobald Gefahr droht. Eigentlich eine gute Erfindung unseres Systems, wie ich finde! Denn damit haben wir die Möglichkeit aus dem

„erlebten Schmerz" wieder auszutreten und erst einmal wieder weiterzuleben! Die Emotion selbst aber ist nun gespeichert.

Sie können sich also wieder auf einen anderen Partner einlassen. Doch jetzt kommt das Spannende. Sobald dieser auch nur ansatzweise mit einem anderen Gegenüber in Kontakt tritt, seien es ganz lapidare Umarmungen oder Gesten oder einfach nur Gespräche, leuchtet Ihr Warnsignal – aber eben „unbewusst" in Form genau dieser Emotion „Eifersucht" auf.

Sie meinen, Ihren Partner zu lieben und fangen jetzt eine „Szene" im Innen oder Außen an, doch in Wahrheit haben Sie Angst. Angst ihn zu verlieren, eben weil Sie diesen Schmerz schon einmal erlebt haben und ihn nie wieder spüren möchten. Ein Schmerz, der Ihnen fast das Herz brach. Der Sie fast „sterben" ließ. Diese Information ist nun in Ihnen gespeichert. Und mit dem Ausdruck der Emotion „Eifersucht" hat Ihr System die Möglichkeit geschaffen, eine weitere „Schocksituation" zu umgehen. Gleichzeitig jedoch hat es ein „Wiedererkennungseffekt" angelegt, ein sog. „Warnsignal" geschaffen. Ein Warnsignal, bei dem wir die Chance haben, so meinen wir, diese Situation im „Vorfeld" zu beeinflussen, eben damit wir so etwas nie wieder durchleben müssen. Nur dass hinter diesem Warnsignal eigentlich die Angst steht, das Erlebte noch einmal zu durchleiden, darauf können wir oftmals nicht mehr zugreifen.

Wir leben also im Heute eine Emotion, die aus der Vergangenheit entstanden ist und fragen uns nicht mehr, ob sie uns denn heute überhaupt noch dient! Ob Sie heut im

Hier und Jetzt überhaupt noch eine Berechtigung hat! Und nun beginnt ein Kreislauf.

Dem biophysikalischem Gesetz „Gleiches zieht Gleiches an" folgend, ziehen wir uns immer wieder diese Situationen in unser Leben, die mit dieser Frequenz – also in unserem vorangegangenen Beispiel – mit der Eifersucht, in Resonanz stehen. So geraten wir, solange diese Emotion noch in uns lebt, immer wieder in die gleichen Situationen. Situationen, die uns ständig mit dem Gefühl der „Eifersucht" konfrontieren. Denn Eifersucht verdeutlicht dem Partner Ihr Misstrauen! Der andere will vielleicht eine vertrauensbasierte Beziehung mit Ihnen leben, kann es aber nicht, weil er ständig mit Ihrem Misstrauen konfrontiert wird, eben mit Ihrer Emotion, der „Eifersucht". So lässt sich vermutlich auf Dauer keine glückliche und harmonische Beziehung leben auch wenn Sie das vielleicht wirklich von Herzen her möchten und es Ihr sehnlichster Wunsch ist. So gehe ich davon aus, dass jede negative Emotion, mit einer zuvor erlebten für uns sehr schmerzlichen Erfahrung in Verbindung steht. Die Erfahrung selbst, ist längst Vergangenheit, die Emotion dazu hat sich in unserem Feld manifestiert, oder man möchte fast sagen „eingebrannt".

So hat ein jeder von uns, über die vielen Inkarnationszyklen, der eine mehr, der andere weniger, viel Schmerz erlebt. Und so kann man sagen, hat ein jeder von uns, sehr viele Emotionen gespeichert, auch wieder mehr oder weniger, je nach Inkarnationszyklen auf dieser Erde und seiner schon bereinigten Felder. Und dann ist noch die Intensivität des „erlebten Schmerzes" zu berücksichtigen. So gab es vielleicht Situationen, die uns fast das „Herz brachen" und aber solche, die wehgetan haben, aber mit denen man zurechtkam. Entsprechend dem ist dann die entwickelte Emotion stärker oder schwächer ausgeprägt. Ich möchte jedoch behaupten, dass dieser Schmerz über die Emotion nicht einfach so zum Vorschein kommt, wie nichts „einfach nur so" auf diesem Planeten vorherrscht, sondern vielmehr deshalb, weil er endlich „erlöst" werden möchte.

Der Schmerzkörper erwacht, wenn er mit seiner Resonanz in Kontakt tritt, einer Resonanz, die ihm gleich ist. So meine ich in unserem Beispiel nicht unbedingt die Resonanz der „Eifersucht". So ist es durchaus möglich, dass der neue Partner, dem wir begegnen, keinerlei Eifersucht in sich trägt. Doch ist die Liebe zu diesem Menschen so stark, dass man an diesen Schmerz erinnert wird, von einem anderen Menschen einst verlassen worden zu sein. Und prompt steht die dazugehörige Information, gespeichert als Emotion in unserem Feld, wieder auf dem Plan.

Auch ist es so, dass nicht bei allen Partnern danach die Emotion „Eifersucht" auftreten muss. So können sie durchaus mehrere Beziehungen leben, ohne jeweils mit ihrem Gefühl „Eifersucht" in Berührung gekommen zu sein. Wenn Sie aber dem „einen" Menschen begegnen, der die Frequenz dahinter, wegen der die Emotion entstanden ist, wieder erklingen lässt, erwacht der Schmerzkörper. Und wir spüren ihn!

So haben wir natürlich auch hier wieder zweierlei Möglichkeiten, damit umzugehen.

Wir können als mental starke Menschen diese Emotionen ignorieren und damit über unsere Kontrollfunktion, also mittels des Mentalkörpers, darüber herrschen. In diesem Fall, werden Sie Ihr Gegenüber kategorisch ablehnen, obgleich es dazu keinerlei offizielle Begründung dafür hat.

Doch unbewusst wissen wir, dass dieses Gegenüber etwas in uns triggern würde, was eben genau zu diesem erneuten Schmerzgefühl führen würde. Oder aber wir lassen uns auf den Menschen ein, leben dann diese Eifersucht bis es für beide dann innerhalb einer Beziehung nicht mehr weitergeht. Frauen scheinen einen nicht ganz so starken „Mentalkörper" zu haben, wie die Männer, weshalb sie auch nicht besonders gut darin sind, kontrolliert über die Emotionen zu herrschen. Was in unserem Beispiel sehr von Vorteil ist, weil sie sich damit eher mit ihren Emotionen auseinandersetzen und eher bereit sind, in die Heilung zu gehen. So ist es manchmal auch für die Menschen, die sich dazu bereit erklären, uns den Spiegel vor zu halten, nicht gerade einfach. Sind es doch unsere ganz eigenen Emotionen. Menschen, die sich zur Verfügung stellen, bewusst oder unbewusst, verstehen oftmals selbst „die Welt" nicht, wenn sie aufgrund irgendeiner Frequenz, die sie sich nicht erklären können, zu einer Zielscheibe der Emotionen anderer werden.

So kann es schon sein, dass wir in Situationen geraten, bei dem unser Gegenüber etwas sagt oder macht, und in uns emotional ein kleiner Vulkan ausbricht, der uns zu Handlungen zwingt, die wir im Nachhinein vielleicht das eine oder andere mal sehr bereuen. Je nachdem, wie stark dieser Vulkan in uns zum Ausbruch kam.

Eben meist als unkontrollierte Gefühle, die dann einen erheblichen Schaden auf der zwischenmenschlichen Ebene anrichten können.

Diese Situationen und auch deren Ausgang lassen sich dann nur sehr schwer steuern. Es ist uns auch oft gar nicht bewusst, weil wir ja denken, der andere hat dies oder jenes getan. Und eines wissen wir alle, glaube ich, sehr genau, dass auf einer emotionalen Ebene, Gespräche sehr schwierig werden, bis fast gar nicht möglich. An eine Einigung bzw. eine gemeinschaftliche Lösung gar nicht erst zu denken. Wie denn auch, es ist ja oftmals nicht der Vorgang selbst der uns z. B. so wütend werden lässt, sondern die Person, die diese Frequenz in uns an triggert. Schauen wir die Situation selbst im Nachhinein noch einmal genauer an, so stellen wir meist fest, dass es eigentlich nur „trivial und damit unbedeutend" war.

Bei einer medizinischen Betrachtungsweise des Schmerzes und dessen Folgen im Vergleich zu einer psychologischen würde es wohl wie folgt aussehen:

Medizinisch, körperlich betrachtet:

Schmerz	= chronische Entzündung
chronische Entzündung	= Zellabbau
Zellabbau	= Narbengewebe
Narbengewebe	= Zelltod

Psychologisch, seelisch betrachtet:

erlebte Schmerzsituation	= Emotionen
Emotionen	= innere Mauer/Abgrenzung
innere Mauer	= Emotionslosigkeit
Emotionslosigkeit	= Verbitterung/Tod

Ein Tod, der auf körperlicher Ebene möglich ist, kann ebenso auf der feinstofflichen Ebene stattfinden. Wobei wir dem Wort „Tod" in unserem Sprachgebrauch eine neue Definition geben müssten. Ist es im Moment noch als etwas Endgültiges zu sehen, so steht für mich der „Tod" lediglich für etwas, was sich gerade in einem Transformationsprozess befindet. Also einem Wandlungsprozess! Die Frage, die man sich hier stellen sollte, wäre: durchläuft man einen Transformationsprozess relativ klar, zügig und gesund, oder bleibt man darin stecken? Dieses Thema werde ich dann im nächsten Buch beleuchten!

In dem Zustand des Wandlungsprozesses, ist es fast unmöglich, inneren Frieden und Harmonie zu erspüren. Es gleicht einer Raupe, die zu einem Schmetterling wird. Dieser Zustand erzeugt nun einmal innere Spannung und Widerstand. Da darf man sich nichts vormachen. In diesem Moment spüren wir den Schmerz.

Somit können wir auch nicht wirklich die Situationen in unserem Leben verändern, indem wir einfach die „Situation" selbst verändern. Nein, wir müssen unseren inneren „Schmerzkörper" erlösen, damit eine echte Veränderung in unserem Leben entstehen kann.

Die schöne Nachricht dabei ist, dass wenn wir darum wissen, dass wir Emotionen in unserem Feld gespeichert haben, wir diese auch wieder wandeln können.

Denken Sie dabei an die Medizin. Nur wenn Sie das Wissen darüber haben, dass Sie krank sind, den Schmerz spüren und nicht ignorieren, können Sie den Weg der

Heilung gehen. Auch in der Computerwelt ist es so, nur wenn Sie darum wissen, einen Virus auf Ihrem Rechner zu haben, können Sie diesen eliminieren. Tun Sie das nicht, arbeitet er im Hintergrund ganz selbständig weiter und zerstört mit jedem Tag mehr Ihre Festplatte. Das Schöne ist, wenn wir darum wissen, können wir die Information des Virus, ebenso überschreiben, wie die Information unserer Emotionen. Sie müssen also nicht ein Leben lang damit leben. Und als geistig, seelische, unendliche Wesen, ist es Gott sei Dank auch nicht möglich, eine Festplatte so zu „schrotten" dass sie unbrauchbar wird!

Ist das nicht wunderbar? Wir haben also die Möglichkeit, zu jeder Zeit einzuschreiten und dann aber auch die gesamte Festplatte wieder zu erneuern!

Der kollektive Schmerzkörper des Weiblichen?

Wir als Menschen greifen zum einen auf unser ganz individuelles und auch auf ein kollektives Feld zu. Denn auch die Erde, als empfangendes Prinzip, hat ein ganz eigenes Feld – einen Torus, eben das Erdmagnetfeld.

Indem wir zum Menschen werden, greifen wir automatisch auf ihr Feld zu. Schließlich beinhalten wir als Körperbausteine die gleichen Substanzen wie die der Erde. Je nach Bewusstseinszustand und Sensibilität für den einen spürbar oder nicht.

Wenn die Erde also Träger eines Feldes ist – so ist sie auch Träger von Informationen. Wenn man also sagen kann, dass sie Informationen gespeichert hat, so sind es bestimmt nicht nur gute Informationen. Allein unsere Geschichtsbücher klären über grausame Kriegshandlungen auf, die auf unserer wunderschönen Erde stattgefunden haben. Ganz zu schweigen, von der Umweltverschmutzung über die landwirtschaftliche „Vergewaltigung" des Bodens bis hin zur Tiermisshandlung, um unsere Nahrungskette, wie wir sie im Moment leben, aufrecht zu erhalten.

Der damit verbundene „erlebte Schmerz" der Erde, denn auch sie kann Schmerz erleben, ist damit Teil ihrer Informationen und in der Erde gespeichert.

Wie im Großen, so im Kleinen (Hermes Trismegistos).

So hat auch die Erde als Wesenheit ein Feld und damit einen Schmerzkörper. Einen Schmerzkörper, der erlöst werden und in die Heilung gehen möchte. Doch stattdessen bilden wir ihn als Gesellschaft täglich neu. So kann man allein darüber ganze Bücher füllen, wie denn der Schmerzkörper unserer Erde aussehen könnte.

Wenn der gebildete Schmerzkörper nichts anderes ist, als die gespeicherte Information in Form einer Frequenz, die dann eine Emotion zum Ausdruck bringt, so müssen wir uns also nicht wundern, wenn die eine oder andere „Tsunamiwelle" als Emotion der Erde auf uns zurollt. Klar, natürlich alles innerhalb physikalisch erklärbarer Gesetzmäßigkeiten!

Und so komme ich zu einem weiteren „kollektiven" Schmerzkörper, der insbesondere uns Frauen betrifft.

Uns Frauen deshalb, weil wir hier auf dieser Erde ebenso das Weibliche verkörpern, wie die Erde. Deshalb möchte ich die Erde hier „Mutter Erde" nennen. Aber nicht aus einem „esoterischen Kontext" heraus, sondern weil sie ebenso das empfangende, nährende Prinzip verkörpert! So sind wir als Frauen noch einmal anders mit „Mutter Erde" verbunden, als es das Männliche ist. Sie steht für das nährende, für das erhaltende Prinzip, sorgt für Struktur und Ordnung, doch in einer grandiosen „Andersartigkeit". Die Struktur und Ordnung ist auch sehr schön in unsrem „chemischen Periodensystem" ersichtlich, dem wir, wenn wir es genau nehmen, alle entspringen.

Wenn ich mir jetzt in diesem „Kontext" die über Jahrtausende vollzogene Trennung des Weiblichen vom Männlichen vorstelle und die dazu bisher gelebte „Ungleichberechtigung" mit aufnehme, und das dann auch noch mit der „Hexenverbrennung" verbinde, deren Kämpfe, Rituale und Feuerstätten auf ihrem Boden stattfanden, so läuft es mir „eiskalt" den Rücken hinunter. Welchen Schmerzkörper muss wohl „Mutter Erde" gebildet haben? Ein Schmerzkörper, der kollektiver Natur ist. Auf den wir alle zugreifen und den wir alle mittragen, ob wir es nun wissen oder nicht, spielt dabei keine Rolle. Gleich dem Beispiel der Weisen aus dem Morgenland!

Und immer dann, wenn wir „Schmerz" empfinden, sind Liebe und Freude abwesend!

Außerhalb von Wohlwollen, Freude und Liebe ist es nicht möglich, eine konstruktive, also bereichernde und aufbauende Kommunikation durchzuführen.

Uns dem Gegenüber an zu nähern und uns nicht zu distanzieren. Eine Annäherung, die notwendig ist, um eine Einheit überhaupt erst möglich werden zu lassen. Und erst in einer gelebten Einheit kann ein friedliches gesellschaftliches Miteinander entstehen.

Doch um in diesen Zustand eintreten zu können, bedarf es eines Heilungsprozesses. Eines Heilungsprozesses individueller und kollektiver Art.

Der individuelle Schmerzkörper des Weiblichen

Bei dem „individuellen" Schmerzkörper geht es um ganz persönlich erlebte Erfahrungen. So habe ich in dem vorangegangenen Beispiel mit der „Eifersucht" ein Szenario beschrieben, das für eine ganz eigene Erfahrung stehen kann. Der individuell „erlebte Schmerz" setzt sich demnach auch nur in unserem Feld fest.

So können es eben viele solcher schmerzlicher Erfahrungen sein, die in unserem Feld als Informationen gespeichert wurden. Diese Information wurde dann zu einer Emotion. Je nach Menge von Inkarnationszyklen und Erfahrungsintensität hat der eine ein eher stark blockiertes Emotionalfeld oder eher weniger stark. Wenn Sie z. B. eine Seele sind, die seit vielen Inkarnationszyklen hier auf „dieser" Erde inkarnieren, so haben Sie die gesamte Bandbreite der menschlichen Geschichte auch in Ihrem Feld gespeichert und daraus resultierend, viele Informationen und Emotionen. Ich unterscheide hier zwischen alten und jungen „Erdseelen" und alten Seelen. Die alten „Erdseelen" haben in den letzten tausenden von Jahren ihren Inkarnationszyklus speziell auf dieser Erde abgelegt. Während eine junge „Erdseele" erst seit wenigen Inkarnationszyklen hier auf dieser Erde inkarniert. So können aber beide vom Grundsatz her „alte Seelen" sein.

Wenn Sie also eine „alte Erdseele" sind, so tragen Sie in Ihrem emotionalen Feld andere Informationen in sich, als eine „junge Erdseele". Ihr Schmerzkörper ist ebenso ein anderer. So haben es gewissermaßen die „jungen Erdseelen" etwas leichter, weil sie anders und damit oft leichter schwingen, eben weil sie nicht ganz so viel Schmerz der kollektiven Art in sich tragen.

Wenn wir jetzt wieder auf die Emotionen zurückkommen, so können wir sagen, dass immer dann, wenn Emotionen schlechter Art, und damit in Form von Schmerz vorhanden sind, wir nicht frei handeln können. Wir sind blockiert. Wir können nicht aus unserer Kraft und unserer Stärke heraus agieren. Der Energiefluss ist gestört. Und was ein gestörter Energiefluss mit uns macht, wissen wir, glaube ich, alle.

Doch warum erzähle ich Ihnen wieder all das? Sie werden sich vielleicht erneut fragen, was hat das alles mit mir als Frau zu tun? Auch die Männer haben einen Schmerzkörper.

Ja, stimmt, aber ich möchte hier ganz bewusst bei Ihnen als Frau, dem weiblichen Geschlecht ansetzen und Ihnen auch gleich erklären, warum. Doch bevor wir darüber sprechen, wie wir den Schmerzkörper wandeln können, möchte ich mit Ihnen noch kurz ins „Hier und Jetzt" eintauchen.

Wenn Sie, ein sehr spüriger Mensch sind, so werden Sie bei den nachstehenden Informationen bereits die Frequenz der Erdung fühlen! Sie werden den Unterschied machen können zu der vorangegangen Informationen und damit deren Schwingungen, also dem Himmel, in dem alles eher energetischer Natur war und den nun kommenden Informationen, der Erde, durch die wir in die Schwere, in die Dichte eintauchen. So ist bereits dieses Buch selbst, gleich einer Sinuswelle, das Eintauchen in den Himmel und wieder hinunter zur Erde. Ein Ausgleich in sich! Denn beides soll in uns vereint werden, der Himmel, die Flügel und die Erde, die Wurzeln! Das luftig Leichte sowie das dichte Schwere! Erst beides kombiniert, ergibt eine Einheit!

VISION von einer Gesellschaft in der die FRAU „SO SEIN"darf wie es ihrer Natur und ihrem Wesen sowie ihrer Bestimmung, ihren Eigenschaften nach entspricht

Wie wäre es, wenn die Frauen heute so sein könnten wie es ihrer Natur nach entspricht.

Eine Königin für ihren Mann.

Eine Stütze, von ihrem Umfeld gesehen, geliebt, geachtet, ernst genommen und respektiert zu werden.

Nein nicht der Taten wegen, sondern einfach nur weil sie es ist und das Weibliche aus sich heraus lebt.

Deren Meinung man gerne erfragt, weil sie voller Weisheit ist! Einer Weisheit, die intuitiver Art ist.

Auf deren Intuition man gerne zurückgreift, weil sie so selbstlos ist! Einer Intuition, die auf ein großes Wissensfeld zugreift.

Mit deren Anmut und Schönheit man sich gerne schmückt! Einer Anmut und Schönheit, die von ganz tief innen heraus kommt, ohne dabei die menschlichen Ideale zu spiegeln.

Wie schön wäre es, wenn es die Frauen sind, die in ihrem familiären Bereich einen Ort des Friedens, der Einheit und der Harmonie schaffen könnten, in dem sich alle gleichermaßen wohl fühlen, die Kinder wie auch die Männer sowie der Rest der Familie und deren Freunde?

Ein Raum, aus dem die Kinder liebevoll begleitet werden. Ein Raum der Respekt und Würde möglich werden lässt.

Ein Raum, zu dem man gerne zurückkehrt, weil er Wohlbehagen und Liebe ausstrahlt.

Ein Raum, in dem man auftanken kann und wieder gestärkt daraus hervorgeht?

Wie wäre es, wenn die Männer voller Stolz auf ihre Frauen blicken könnten, weil diese so viel Schönheit, Anmut und Würde ausstrahlen?

Wenn die Männer voller Hochachtung darüber wären, so jemanden an ihrer Seite zu haben und damit zu ihren Frauen aufsehen könnten? Und das nicht, weil diese Frauen nach den derzeitigen gesellschaftlichen Normen gut aussehen, oder gar betucht sind und eine gewisse gesellschaftliche Stellung innehaben, sondern vielmehr, weil die Weisheit und die Würde, die innere Schönheit sie erstrahlen lässt.

Ein Licht, von dem man sich nicht abwenden will. Ein Licht und eine Liebe, unter deren Frequenzen man sich gerne aufhält, gleich der Sonne, deren Strahlen man auf seinem Haupt genießt und in diesen Momenten einfach nur ein Glücksempfinden und eine Seligkeit verspürt?

Wie schön wäre es, wenn wir in einer Gesellschaft lebten, in der es gleichgültig ist, welchen Beruf eine Frau erlernt hat und welcher Herkunft sie angehört. In der es nur darum geht, welche Würde diese Frau zum Vorschein bringt? Ist es nicht so, dass auch wir Frauen zu solchen Frauen aufsehen, die von innen heraus strahlend und würdevoll dahingleiten, gleich einer Gazelle?

Mit einem würdevollen Gang, der erdverbunden und doch himmlischer Natur zu sein scheint?

Welche Frau würde dann nicht sehr gerne Frau sein wollen?

7. Die Gegenwart - Die derzeitige Rolle der Frau in unserer Gesellschaft

Das Erleben in der heutigen Zeit als „Mutter" und/oder „Karrierefrau"

So kommen wir nun bei der gelebten Gegenwart an!

Wenn wir uns den heutigen Alltag einer Frau und Mutter oder Karrierefrau anschauen, so müssen wir feststellen, dass hier bei vielen etwas vollkommen aus dem Ruder gelaufen ist.

Ist es nicht so, dass das weibliche Geschlecht, noch dazu wenn es Mütter sind, heute einzig und allein damit beschäftigt sind, einen großen Spagat in der Gesellschaft zu vollführen? Einen Spagat zwischen Haushalt, Kindern, Familie, Großeltern, Arbeit, Schule und dann auch noch dem Mann? Alles irgendwie unter einen Hut zu bekommen, scheint die gelebte Realität zu sein!

Der Kindergarten, die Schule, die Großeltern, die Kinder selbst, der Haushalt, alle zerren an der Frau und fordern ihre volle Aufmerksamkeit ein!

Was wenn es das weibliche Geschlecht sein wird, das schon in naher Zukunft die „BurnOut" Kliniken füllen würde? Weil sich ein Spagat in der Intensität und auf Dauer in der Zeitqualität nicht mehr durchführen lässt? Doch wie konnte es dazu kommen und warum stehen wir Frauen in dieser heutigen Position?

Dazu möchte ich den Typ Frau in drei Hauptkategorien unterteilen.

Es gäbe natürlich noch viel mehr Variationen, die untergliedert und beleuchtet werden könnten, aber ich möchte hierüber ja keine Doktorarbeit schreiben. Daher bleibt es bei den drei Hauptvarianten, die den Großteil unserer Gesellschaft ausmachen.

Ich denke, in einer der drei Hauptgruppen werden Sie sich wiederfinden.

Die 3 Hauptkategorien der Frauen heute:

No 1.) Die Mutter und Hausfrau
No 2.) Die klassische Karrierefrau
No 3.) Die Mutter, Hausfrau und Karrierefrau

No 1 Die Mutter und Hausfrau

Die „Mutter und Hausfrau" hat sich aus nachfolgenden Gründen dafür entschieden, sich ganz den Kindern und dem Haushalt zu widmen und geht voll und ganz in der „Mutterrolle" auf.

Dass sie diese Rolle voll und ganz einnehmen kann, hat entweder was damit zu tun, dass sie es sich finanziell erlauben kann, zuhause zu bleiben, oder aber weil sie für sich die Entscheidung getroffen hat, diese Rolle zu übernehmen, auch wenn damit ein finanzielles Leben, wie es ihr bisher möglich war, nicht mehr gegeben ist.
Letztere begibt sich vollumfänglich in die Rolle der Mutter und Hausfrau. Sie ist sich dessen bewusst, dass es

finanziell nun zu Einschränkungen kommt, nimmt dies jedoch in Kauf, weil sie sich über die Verantwortung der Mutterrolle im Klaren ist. Sie weiß, dass es eine ganz eigene Herausforderung ist, Kinder zu begleiten und sich um ihr Wohl zu kümmern. Sie weiß, dass es viel Mühe erfordert, sich dieser Aufgabe zu widmen und stellt den materiellen Wohlstand zurück. Sie verzichtet bewusst auf ein „Luxusleben" um sich ganz ihren Kindern und dem Haushalt zu widmen. Sie wird ihren Luxus und die Notwendigkeiten neu definieren und ggfl. z. B. Urlaube künftig anders erleben.

So könnte man meinen, diese Rolle der Frau kann sich in aller Ruhe und Entspanntheit um die Kinder und den Haushalt kümmern. Doch leider ist das nicht ganz so einfach.

No 2 Die klassische Karrierefrau

Die „klassische Karrierefrau" hat sich entweder ganz bewusst gegen das Gebären von Kindern entschieden oder aber sie ist aufgrund einer unfreiwilligen Situation (derer gibt es viele Möglichkeiten) nicht in der Lage, Kinder zu gebären und widmet sich daher ganz automatisch dem Arbeitsleben, um nicht untätig zu sein.

Erstere hat sich vermutlich ein ausführliches Bild der heutigen Gesellschaft gemacht. Sie zieht es vor, aufgrund der derzeitigen gesellschaftlichen Situation keine Kinder zu gebären. Derlei Gründe gibt es viele. Entweder sie sieht das Kindererziehen in der heutigen Gesellschaft als Belastung an, oder aber sie fixiert sich ganz auf das Karriereleben unter der bewussten Entscheidung auf Nachwuchs zu verzichten, weil ihr der materielle Wohlstand mehr Sicherheit bietet. Manche lieben ihren starke Freiheits- und Unabhängigkeitsdrang so sehr, dass sie auf den Nachwuchs verzichten.

Diese Typ Frau legt eine steile Karriere hin und lebt ihr individuelles Leben.

Die Zweite der beiden ist unfreiwillig in der Situation. Sie würde gerne Kinder in die Welt setzen, kann dies aber nicht. Diese Frau widmet sich daher auch nur eher unfreiwillig der Karriere und findet sich vermutlich irgendwann mit der Situation ab.

No 3 Die Mutter, Hausfrau und Karrierefrau

Die Mutter, Hausfrau und Karrierefrau möchte gerne alles unter einen Hut bekommen. Sie liebt Kinder, aber auch ihren Freiheit- und Unabhängigkeitsdrang und nimmt daher die Mehrbelastung durch die zusätzliche Berufstätigkeit in Kauf.

Oder aber sie kann ihren Lebensunterhalt nicht allein mit dem Geld ihres Mannes bestreiten, weil ein zu geringes Einkommen vorhanden ist, oder sie getrennt lebend ist, weshalb sie gezwungen ist, auch zum finanziellen Lebensunterhalt mittels einer zusätzlichen Arbeitsstelle, beizutragen. Wie bereits beschrieben, unterteile ich da nur in die wesentlichen „Hauptgruppen" der heutigen Frauen. Man könnte hier noch mehr unterteilen und untergliedern, jedoch geht es mir in erster Linie nicht darum, eine Abhandlung darüber zu schreiben, welche „Arten" die Frauen von heute leben, vielmehr geht es mir darum, dass all diese Frauen, egal in welcher Art von Gruppen sie sich wiederfinden, eines mehr oder weniger gemeinsam haben:

den Schmerzkörper, den sie in ihrer Weiblichkeit heute ausleben.

Und jetzt kommt's: einzig und allein die Frauen bilden eine Ausnahme, die gelernt haben, diesen Schmerzkörper in die Heilung zu bringen. Sie leben auch eine Rolle, ja, vielleicht die der Ehefrau, Mutter, Hausfrau oder Karrierefrau, oder alles zusammen, eben für was auch immer sie sich entschieden haben, doch leben sie ihre Bestimmung – und dies voll „bewusst". Und aus diesem Bewusstsein heraus strahlt jede von ihnen, eine Anmut und Würde aus, wodurch ihr gesamtes Umfeld profitiert.

Dabei spielt es dann keine Rolle mehr, in welcher Funktion sie sich gesellschaftlich wiederfindet. Also ob sie die Rolle der „Hausfrau und Mutter" einnimmt, oder die der „Karrierefrau und Mutter" oder aber ganz ihrem Mann zur Seite steht, ist dann völlig gleichgültig. Es geht nicht mehr darum, welche Rolle sie in unserer Gesellschaft einnimmt, sondern wie sie diese Rolle lebt.

Sie ist es, die mit ihrer Seele verbunden ist und weiß damit zu jeder Zeit genau, was das Richtige ist. Es entsteht hier nichts mehr aus einem gespeicherten Schmerzkörper heraus. Und aus dieser Position ist es auch möglich, ihrem Mann die Hand zu reichen. Auch ihm in die Heilung zu verhelfen. Die Folge wären dann Einheit, Friede und die selbstlos gelebte Liebe.

Sind das nicht wundervolle Aussichten?

Bevor wir diesen Bereich beleuchten, wie wir zu diesem Bewusstsein finden und wie wir unseren Schmerzkörper loswerden, möchte ich noch kurz auf die derzeitige Rolle der Ehefrau, Mutter und Hausfrau von heute eingehen. So sind die Aufgaben und Pflichten einer Mutter in der heutigen Zeit nicht mehr vergleichbar mit den Aufgaben und Pflichten einer Frau noch Mitte der 50er Jahre und fortfolgend.

Zeitreise in die 50er Jahre

Die Pflichten einer Mutter/Hausfrau im Westen Deutschlands in den 50er Jahren bestanden überwiegend darin, den Haushalt in Schuss zu halten.

Allein das Waschen der Wäsche – man bedenke, dass die Waschmaschinen erst in den 60er Jahren in die Haushalte kamen – war sehr aufwendig und nahm schon 1-2 Tage in Anspruch. Sie kümmerten sich um die Verpflegung der Familie, was darin zum Ausdruck kam, dass es dreimal täglich zu essen gab. Es wurde nach Hausmacherart gekocht, was sehr viel Zeit in Anspruch nahm. Sie haben dafür gesorgt, dass wenn der Mann am Abend von der Arbeit nach Hause kam, auch wirklich das Essen auf dem Tisch stand. Anschließend kümmerte man sich auch eingehend um den Ehemann, war er doch der „Hausherr" und „Ernährer". Die zusätzlich arbeitende Mutter und Hausfrau war eher die Seltenheit, musste der Mann doch noch bis in die 80er Jahre seine Zustimmung dazu geben. Die Kinder wussten um ihre Stellung. Es gab ein sehr striktes Hierarchiesystem, das von allen Parteien eingehalten wurde. In den meisten Fällen war es sehr autoritär gehalten und gelebt. Medien gab es nur sehr selten und diese beschränkten sich auf das Radio und später dann auf den Fernseher. So stand die Kommunikation im Mittelpunkt der Gesellschaft.

So hieß es in einer Werbesendung der 50er Jahre „Frauen haben zwei Lebensfragen: Was soll ich anziehen und was soll ich kochen" – ich möchte hier keineswegs die Lebensweise und Aufgaben der Frauen der Vorgenerationen damit bewerten oder als gering erachten, ganz im Gegenteil, auch sie haben ihre Herausforderungen gehabt. So möchte ich nur verdeutlicht darstellen, wie die Gesellschaft zur damaligen Zeit lebte – eben ganz anders! Auch ist es hier von mir sehr einfach gehalten. So gab es ja auch noch eine Zeit vor und nach den 50er Jahren.

Mir geht es hier also tatsächlich nicht um einen Vergleich, denn eben genau diesen kann man gar nicht machen, obgleich es gehäuft, genau diese Mütter aus der Generation der 50er bis 80er Jahre sind, die sich mit den heutigen Müttern vergleichen und damit in ein „Unverständnis" abfallen. Die Schulbildung war seinerzeit noch nicht ganz so vielfältig. So ging die Mehrheit der Kinder auf die Grund- und Hauptschulen und nur Kinder aus sehr betuchten und gebildeten Familienschichten konnten sich dann eine weiterführende Schulbildung wie die Realschule oder das Gymnasium leisten. Auf der Grund- und Hauptschule wurden die Kinder dann meist sich selbst überlassen, und dann ab Mittag (da war dann auch Schulschluss!) in den Hof, Garten oder Park mit ihren Freunden entlassen. Nachdem die

Seitenstraßen noch recht autofrei waren, wurden diese ebenfalls von den Kindern als Spielwiese genutzt. Man überließ die Kinder oftmals sich selbst, was das Verantwortungsbewusstsein der Kinder extrem förderte. Wirklich viel lernen mussten nur Kinder der weiterführenden Schule. Der Schulstoff wurde überwiegend in der Schule vermittelt und auch vertieft, sodass sich das „Nachlernen" eher auf die Hausaufgaben beschränkte. Termine von festlichen Aktivitäten fanden an Wochenenden gemeinschaftlich statt und nur bei außergewöhnlichen Begebenheiten.

Ansonsten war der Alltag von den immer wiederkehrenden Pflichten und Aktionen geprägt. Mit einem sehr hohen Maß an Zeitgefühl, da sich die Tätigkeitsfelder und der Aktionismus, wie wir ihn heute kennen, sehr im Rahmen hielten.

Wir haben uns dahingehend sehr verändert, dass die heutigen Ehefrauen und Mütter mit ganz anderen Aufgaben und Pflichten konfrontiert sind. Es beginnt schon bei der Ernährung, der Gesundheit, unserem heutigen Zeitgefühl, stark beeinflusst durch die Medien und endet schließlich bei den schulischen Pflichten. So sind die Aufgaben heute ganz anders definiert und werden auch völlig unterschiedlich als früher ausgelebt.

Wenn wir nur mal die „Mutter und Hausfrau" beleuchten, so sieht sich diese heute sehr viel verstärkter in der Verantwortung, auch hier mehr oder weniger bewusst, die Kinder zu begleiten. Darin liegt der erste grundlegende Unterschied zur damaligen Zeit. Kinder, wenn sie geboren werden, insbesondere in der Mittel- bzw. Oberschicht werden als eigenständige Individuen betrachtet, denen man sehr viel Zeit und Aufmerksamkeit widmet.

So hat sich der Fokus verlagert, weg von dem körperlichen Umsorgen der Kinder, also dem Bekochen und gut Einkleiden, hin zur Aufmerksamkeit und Bildung. Wenn es damals oftmals nur die Oberschicht war, die ihren Kindern eine gute Schulbildung ermöglicht hat, so ist es heute schon die Mittelschicht, die dafür Sorge trägt, dass aus ihren Kindern etwas „Vernünftiges wird" – wie man es allerorts zu hören bekommt.

Ich möchte immer wieder betonen, dass ich hier eine gewisse „Bevölkerungsgruppe" beleuchte und diese Aussagen nicht verallgemeinert werden können. Auch rede ich sehr ungern von Mittel- oder Oberschichten, weil auch diese definiert gehören. Also bitte sehen Sie es mir nach, wenn ich hier vielleicht nicht ganz die richtige Wortwahl gefunden habe. Doch möchte ich eine bestimmte Aussage damit treffen.

So will ich auch nicht damit sagen, dass diese Mütter das gute Essen vernachlässigen, es hat sich nur gewandelt und verändert. Allein die Ernährung hat sich verändert. Es werden vielmehr Fertigprodukte verwendet, was früher noch undenkbar war. So kann es durchaus sein, dass es noch vereinzelt Mütter gibt, die noch im ursprünglichen Sinne kochen, es jedoch die Minderheit ist. So wurden früher die Nudeln, das Kartoffelpüree oder entsprechende Soßen ganz selbstverständlich noch natürlich hergestellt, hingegen in der heutigen Küche vermehrt durch verschiedene Fertigprodukte, wenn auch biologisch Art.

Wir bedienen uns also unbewusst sehr vieler Hilfsmittel, um hier den Alltag zu erleichtern.

Die Probleme einer heutigen Mutter

Auch haben wir heute Waschmaschinen, Trockner, Spülmaschinen, es muss nichts mehr mit der Hand gesäubert werden, was den Alltag unglaublich erleichtert. Wir bedienen uns heute sämtlicher Haushaltsgeräte und das ganz selbstverständlich.

Was ist es also, womit eine heutige „Frau, Mutter und Hausfrau" zu kämpfen hat? Warum kann man diese Zeit nicht mit früher vergleichen?

So können wir einen ganz gewichten Anteil der **Gesundheit**, der **Schulbildung**, der **Medienwelt** und den **Gesellschaftlichen Verpflichtungen** zuschreiben. Themen, die damals in der ausgeprägten Form nichtexistent waren.

Gesundheit

Wenn wir nur das Thema Gesundheit beleuchten, so werden wir feststellen, dass die heutigen Mütter vermehrt mit Krankheiten konfrontiert sind, die unseren Eltern und Großeltern so nicht kannten.

Ich möchte hier vier gewichtige Themen benennen, ohne sie in ihrem Inhalt zu beschreiben. So ist sicherlich schon fast jede Mutter mit einem dieser Krankheitsbilder konfrontiert worden.

„Allergien, Neurodermitis, Autismus oder ADS/ADHS (Aufmerksamkeitsdefizitsyndrom)

Krankheitsbilder, die allein schon für sich einen ganzen Alltag in Anspruch nehmen können, ohne dabei über andere Themen nachgedacht zu haben.

Krankheiten, die eine Mutter, je nach Stärke und Ausbruch der Krankheit, zum Wahnsinn treiben können. Weil nicht wirklich Lösungen seitens der Mediziner geboten werden, auch wenn diese ihr Bestes geben mögen, jedoch den Alltag einer Familie enorm einschränken und teilweise nicht mehr lebbar werden lassen.

Über die Konsequenzen dann gar nicht erst zu reden, was es bedeutet, wenn ein Familienleben dadurch derart eingeschränkt ist, dass ein Eheleben so gar nicht mehr gelebt werden kann und es allein dadurch schon zu Trennungen kommt. Diese Art von Belastungen ist enorm und nicht zu unterschätzen.

Allergien

Ein gewichtiges Thema sind Allergien. Hier werden Mütter meist dazu aufgefordert, anders zu kochen, ihre ganze Ernährung, oftmals sehr umständlich, neu zu gestalten. Was ebenso zum Leidwesen anderer Familienmitglieder ist. Für die Mutter selbst bedeutet dies einen extremen Mehraufwand.

Wenn es um Allergien im Außenbereich geht, so lassen sich Aktivitäten, wie andere Kinder sie kennen, nicht leben und es kommt ebenfalls zu Einschränkungen.

Neurodermitis

Neurodermitis, eine sehr belastende Hauterkrankung, die zu extremer Isolation der Kinder selbst und der restlichen Familie führen kann. Psychische Prägungen der Kinder schon im Kindesalter sind die Folge. Abgrenzungen zu anderen stehen hier an der Tagesordnung. Die Ursachen oft ungeklärt! So kann die Suche nach Heilung bereits zu einer Tortur werden.

Autismus

Autismus, ein immer größer werdendes Thema! Kinder, die entweder schon autistisch zur Welt kommen, oder sich dann nach den ersten Lebensmonaten hin zum Autismus entwickeln. In diesem Fall ist für eine Familie nichts mehr so wie es war. Es dreht sich zunehmend alles nur noch ums Kind, weil es aber auch die ganze Aufmerksamkeit fordert. Ein Krankheitsbild, das früher nur sehr selten bekannt war.

ADS/ADHS

Je nach Stärke des Krankheitsbildes hat dies für die Mütter und deren Familien einen ganz erheblichen Einfluss auf ihr soziales gesellschaftliches Leben.

Kinder werden von anderen Kindern gemieden, soziale Zusammenkünfte der Familien untereinander blockiert, da eine Mutter mit einem gesunden Kind nicht möchte, dass ihr Kind mit einem ADS der ADHS-Kind zusammen kommen soll. Auch bekommt man hier die Abgrenzungen der Gesellschaft deutlich zu spüren.

Kinder mit diesem Krankheitsbild werden in eigens dafür eingerichtete Kindertagesstätten untergebracht. Wenn Sie das als Mutter nicht wünschen, findet schon fast unterschwellig ein kleiner Kampf zwischen den öffentlichen Institutionen und den Eltern statt. Dies hat dann soziale gesellschaftliche Konsequenzen für das Kind und dessen Familie, an die entstehenden Prägungen gar nicht erst zu denken.

Schulbildung

Ein weiteres Thema, mit dem Mütter heute konfrontiert sind, ist das heutige Schulsystem. Hier könnte man ganze Bücher füllen, wie sehr sich das Schulsystem in den letzten Jahrzehnten verändert hat.

Doch aus meiner beobachtenden Praxis möchte ich den Teil schildern, den mir genau die Mütter zugetragen haben, die unmittelbar davon betroffen sind. Denken muss ich dabei an zwei ganz wesentliche Faktoren, mit denen Mütter heute konfrontiert sind und die auch immer wieder als Belastung kommuniziert werden:

1.) Das Wertesystem in den Schulen.
2.) Die vielen Lernaufgaben, die auf die Eltern umgelegt werden.

1.) Das Wertesystem und die Bildung in den „staatlichen Regelschulen"

Mir liegt es fern, hier zu kritisieren oder das System zu bewerten. Es ist nicht einfach, hier mal schnell zu sagen, „es liegt an diesem oder jenem". Meine Intention ist es, hier einen Schwerpunkt zu setzen, den die heutigen Eltern immer wieder als Problem empfinden. Hierin liegt ein ganz wesentlicher Unterschied zur Zeit von früher.

Das Wertesystem heute wird von den meisten Eltern als sehr rückgängig empfunden. So ist dies allein schon den vielen Kulturen und der verschiedenen Erziehungsmodelle innerhalb einer Gesellschaft geschuldet. Denn jede Kultur und jede Familieneinheit lebt nun einmal ihr ganz eigenes Wertesystem und das ganz „wertfrei" ausgesprochen. So empfinden Familien heute, insbesondere in den Großstädten, dass ihre Kinder trotz der ihnen mitgegebenen Werte sehr stark dazu neigen, das Wertesystem ihrer Mitschüler zu übernehmen. Ein einheitliches Wertesystem ist in den meisten Schulen nicht mehr umsetzbar. Eltern erwarten von den Pädagogen, dass hier eine Überwachung der Werte und Tugenden gewährleistet wird, so wie es früher noch der Fall war. Die Lehrer wiederum fühlen sich oft nicht in der Verpflichtung ein Wertesystem zu übermitteln, sondern sehen sich als Überbringer eines „Lehrstoffplans".

So suchen immer mehr Eltern nach geeigneten Privatschulen, an denen sich das Wertesystem und auch die Schulbildung, die sie als geeignet für ihr Kind empfinden, umsetzen lässt. Privatschulen, an denen die Schulbildung, die Pädagogen und auch das Umfeld ihrem

Kind und auch ihrer Ideologie entsprechen. Eine Schulbildung außerhalb der staatlichen Regelschulen, die mit ihren Kindern konform geht. Also einfach nur ein Kind in die Grund- oder Hauptschule zu geben, ist aus Sicht vieler heutiger Eltern nicht mehr tragbar. Doch die Privatschulen kosten zusätzlich Geld und sind meist nicht in der Nähe, was bedeutet, dass die Eltern entweder von Haus aus gut verdienen oder aber zusätzlich arbeiten gehen müssen, um diesen „Schulstandard" für ihre Kinder zu gewährleisten. Auch bedeutet es eine Umstellung, da diese Schulen wiederum ein anderes System haben, als die heutigen Regelschulen.

Jede Schule hat ihren ganz eigenen Rahmen und ihre ganz eigenen Regeln.

Also diese Art von Schulen, so wie wir sie noch kannten „zwei Straßen weiter", nach dem Sprengelgebiet aufgeteilt, gehört damit eher der Vergangenheit an, bzw. die Tendenz, in welche Richtung es geht, ist sichtbar. So wählt nicht die Schule die Kinder, sondern die Kinder und damit die Eltern, ihre Schulen.

2.) Die vielen Lernaufgaben, die auf die Eltern umgelegt werden.

Ein weiterer, sehr wesentlicher Bereich, sind die veränderten Schulpflichten.

So gab es früher noch sehr viele Nachmittage, an denen die Kinder nach der Schulzeit frei hatten. Insbesondere in den Grund- und Hauptschulen. Hausaufgaben, gab es auch schon früher, doch sehr überschaubar und in einem Rahmen, der es den Kindern ermöglichte, nach den Hausaufgaben spielen zu gehen. Die Kinder lernten in den Schulen. Heute aber, haben die Eltern sehr häufig das Problem, dass die Kinder nach Hause kommen und die Themen, die innerhalb der Schule durchgearbeitet wurden, nur sehr schlecht bis gar nicht verstanden wurden. Pädagogen haben nicht die Zeit und den Raum, es so zu übermitteln, da sie sonst mit ihrem Schulstoff nicht weiterkommen würden. So liegt es dann an den Eltern, am Nachmittag die pädagogische Tätigkeit eines Lehrers zu übernehmen, um den nicht verstandenen Schulstoff ihrem Kind zu vermitteln.

Die Eltern sind aber keine Pädagogen und müssen demnach zuerst den Stoff für sich selbst erlernen, um ihn den Kindern zu übermitteln, oder aber sie bezahlen schon ab den ersten Klassen Nachhilfeschulen, die das für sie händeln. Eine Überforderung allein in diesem Bereich ist ein großes Problem der heutigen Mütter. Eine Überforderung im sozialen wie auch im finanziellen. Wir haben hier also einen ganz wesentlichen Unterschied zu früher. Während sich die meisten Kinder früher der Schulbildung, in der Grund- und Hauptschule, alleine widmen mussten und auch konnten, weil sie es in der Schule als Schulstoff verstanden haben, so ist es heute verstärkt die Aufgabe der Eltern, meist die der Mütter, mit den Kindern nach der regulären Schulzeit zu lernen. Hier entstehen innerfamiliäre Konflikte.

Die Kinder sind nach einem heutigen Schultag selbst total abgespannt und müde. Sollen dann, gerade nach Hause kommend, sich noch einmal hinsetzen und über Stunden hinweg ihre Hausaufgaben machen bzw. sind damit beschäftigt den Schulstoff überhaupt zu verstehen. Also ein Kind heutzutage einfach mal „machen lassen" ist eher die Seltenheit geworden, bzw. nicht dann, wenn die Eltern den Wunsch verspüren, dass ihr Nachwuchs mit halbwegs guten Noten durch das Schulsystem durchkommen soll.

Auf das Warum möchte ich hier nicht eingehen. Darüber haben sich schon andere sehr viele Gedanken gemacht.

Medienwelt von heute

Ein weiteres wichtiges Thema ist die heutige „Medienlandschaft".

So liegt es einigen Eltern am Herzen, dass ihre Kinder kommunikativ und gesellschaftsfähig bleiben. Auch das ist sehr konträr zur Zeit der 50er Jahre. Heute ist es selbstverständlich, dass Kinder mit einem Handy, einem Laptop, einem Tablet groß werden. Soziale Netzwerke sind zwischenzeitlich die Norm. Es wird eine völlig andere Kommunikationsart geführt.

So erinnere ich mich an die Geburtstagsfeier eines guten Freundes:

Es war sein 50. Geburtstag. Die dazu geladenen Gäste waren eben auch alle etwa in der gleichen Altersgruppe und hatten ihre Kinder bzw. man muss schon sagen: ihre „pubertierenden Teenies" dabei. Es war ein lauer Sommerabend, die Erwachsenen grillten bei einem geselligen Beisammensein. Sie hören es schon raus, ja genau, die Erwachsenen saßen auf der Terrasse und unterhielten sich regsam miteinander, währen die ca. sieben Teenies im Wohnzimmer aneinandergereiht, alle nebeneinander sitzend, mit ihrem Handy in der Hand sich gegenseitige Nachrichten übermittelten.

Es war ein Bild für „Götter"!

Lässt man also diese Kinder einfach mal machen, ohne dabei Regeln oder Rahmen zu setzen, so besteht die Gefahr, dass sie sich im Laufe ihre Entwicklung zunehmen in einer virtuellen Welt befinden. Einer Welt, die ihnen realer erscheint, als es die Wirklichkeit ist.

Viele Eltern sind daher bemüht, diese Vorgehensweise im Alltag einzuschränken. Doch Einschränkung bedeutet Rahmen und Grenzen setzen. Damit kommen diese Kinder aber nicht klar. Auch wird es gesellschaftlich nicht unbedingt unterstützt. Die Kinder selbst empfinden es oft als einen erholsamen Rückzugsort, bei dem sie sich entspannen und neu ausrichten können. Und nachdem der autoritäre Erziehungsstil nun auch der Vergangenheit angehört, ist es ein einziges „Diskussionsfeld" zwischen Eltern und Kindern geworden. Das kann dann schon mal sehr anstrengend werden.

Viele Mütter meinen dann, es kompensieren zu müssen, indem sie dann für die Unterhaltung der Kinder sorgen, als Kompromiss sozusagen. Was dazu führt, dass die Vielfalt der Tätigkeiten einem „Unterhaltungsbüro" gleich kommen. Und damit kommen wir auch schon zum nächsten und letzten Punkt:

Gesellschaftliche Verpflichtungen

Kindergeburtstage
Sportliche Unterstützung
Musikalische Weiterbildung
Fremdsprachen erlernen
Ausflugsziele usw.

Bei manchen Eltern der heutigen Zeit könnte man meinen, sie stellen ein ganz eigenes „Unterhaltungsbüro" auf, denn schließlich steht man in der Verpflichtung, die Kinder beschäftigen und unterhalten zu müssen, meinen sie.

Auch meinen sie, dass es wichtig ist, sich den Kindern ganz individuell widmen zu müssen und das mit ganzer Aufmerksamkeit und Hingabe. Die Begabungen und Fähigkeiten ihrer Kinder zu fördern, um sie mit möglichst vielen Themen konfrontieren zu müssen.

Ein bisschen Sport, ein wenig Musik und dann noch die Sprachen, sodass dann schon mal das gesamte „Drumherum" aus den Augen verloren wird und darunter zu leiden beginnt! Diese Eltern sind eben nur noch für ihre Kinder da! Hier besteht die Gefahr, sich selbst und aber auch den Anschluss zu anderen zu verlieren. Es stellt sich eben auch hier eine gewisse gesellschaftliche Tendenz ein, die zu Genüge beobachtet werden kann, nämlich den gesamten Fokus hin zum Kind zu verlagern. Ein Kind sollte bestmöglich, nämlich auf sämtlichen Gebieten, gefördert und unterhalten werden. Vielleicht will man nun all das, worin man selbst nicht gefördert wurde, auf seine Kinder übertragen. Was ja nicht unbedingt schlecht ist, doch kann es bei einem Zuviel an Angebot, schnell zu einer Überforderung werden. Einer Überforderung gleichermaßen für Mutter und Kind.

Hier wäre es vermutlich eher angebracht, nicht auf Quantität sondern auf Qualität zu gehen und genau hinzuschauen, worin das Kind seine Qualitäten hat, um diese dann ganz gezielt zu fördern. Das wird dann wohl die Zukunft sein. Doch im Moment ist es flächendeckend eher wie oben beschrieben. Nur sehr vereinzelte Mütter unserer Gesellschaft schauen ganz genau hin, worin denn ihr Kind zu fördern sei und worin die ganz individuellen Begabungen ihres Kindes liegen. Und damit wären wir erneut beim „Bewusstsein". Die Beachtung eines Kindes ist heute so ganz anders als noch zu früheren Zeiten. Allein die Kindergeburtstage.

Ich erinnere mich an das meiner Nichte:
Sie wurde zu einem ganz gewöhnlichen Kindergeburtstag eingeladen. Ist ja erst einmal nichts Außergewöhnliches. Doch besonders war, dass es nicht nur ein Geschenk für das Geburtstagskind selbst gab, sondern gleichermaßen ein kleines Geschenk für alle teilnehmenden Kinder. So verteilte die Mutter des Geburtstagskindes jeweils kleine Geschenke an die teilnehmenden Kinder. Nach erstauntem Nachfragen meinerseits wurde ich darüber informiert, dass das wohl heute selbstverständlich sei. Man macht das heute so.

Sie können sich nun vorstellen, welcher Druck alleine schon in diesem Bereich entsteht. Ein Kind, das auf so einer Geburtstagsfeier eingeladen wurde, kann nun nicht mehr einfach so tun, als ob da nichts gewesen wäre.

Es steht unter dem Zugzwang, selbst eine Geburtstagsfeier veranstalten zu müssen und aber eben auch an alle teilnehmenden Kinder Geschenke zu verteilen.

Sie werden mir jetzt vielleicht den Einwand bringen und sagen, sowas gab es zu früheren Zeiten auch schon! Die Kleidermode – auch hier standen Eltern ständig unter Zugzwang. Stimmt, da haben Sie Recht! Nur heute kommt zu dem Thema Kleidermode das Drumherum noch hinzu, wie auch die ganze Medienwelt. Künstlich geschaffene Modeerscheinungen, wie eben gerade das mit den „Geburtstagsgeschenken" beschrieben. So stehen heutzutage die Mütter oft vor einem echten Dilemma. Und das eine oder andere Thema mag ihnen auch vielleicht nicht allzu viel ausmachen, es ist jedoch die Summe aller Dinge – die dann das Maß zum Überlaufen bringt.

So kann es durchaus Mütter geben, die bei dem Beispiel mit dem Kindergeburtstag sagen, ja aber das mache ich doch gerne und andere sehen darin ein System, welchem sie nicht entsprechen möchten. So bleibt es ja nicht einfach nur bei kleinen Geschenken, sondern sie werden ja immer größer. Nehmen wir einmal an, das letzte Geschenk an die teilnehmenden Geburtstagskinder war das Verteilen einer Wundertüte vom „Fastfood Konzern" mit dem gelben Buchstaben, eben weil dort der Kindergeburtstag stattfand, so kann die nächste Mutter nicht einfach nur Gummibärchen verteilen! Die Kinder werden den Unterschied dazu nicht verstehen! Auch wissen sie nicht, wie hoch oder niedrig der finanzielle Aufwand ist, der dahinter steht. Und dann ist es auch noch oft ein Thema der Mütter selbst, weil sich diese in der Geschenkauswahl selbst übertreffen! Ein Kreislauf beginnt. Die einen können das finanziell nicht tragen, die anderen wollen es nicht – und bei den dritten beginnt ein Kampf darum, wer mehr bietet.

Natürlich ist auch das keine Erfindung der Neuzeit! Nur wird es heute deutlicher, verstärkter und flächendeckender im Außen gelebt. Man denke dabei auch an den Hype von Handys oder Tablets. Dies kann dann schon einmal zu einem innerfamiliären Konflikt führen.

Zusammengefasst sind die heutigen Mütter nicht nur gute Unterhalter, sondern auch gewissermaßen Managerinnen ihrer Zeit! Denn all das zu koordinieren, ist gar nicht so einfach.

Nach dem Motto:

Montag: Nachhilfeunterricht mit Vorher-und Nachher-Unterhaltungsprogramm der Kinder

Dienstag: Klavierunterricht mit Vorher- und Nachher-Unterhaltungsprogramm der Kinder

Mittwoch: Tanzen, Turnen.... mit Vorher- und Nachher-Unterhaltungsprogramm der Kinder

Donnerstag: Englisch-Nachhilfe mit Vorher- und Nachher-Unterhaltungsprogramm der Kinder

Freitag: Unterhaltungsprogramm mit anderen Kindern etc.

Je nach eigenem Anspruch an die Kinder finden diese Tätigkeiten der Mütter sehr stark oder eher weniger stark ausgeprägt statt, ohne hier eine Bewertung abgeben zu wollen.

Es gibt natürlich auch noch andere Mütter, bei denen die Kinder tatsächlich sich selbst überlassen werden. Das ist dann die gesellschaftliche Gegenwelle, nämlich Kinder, die sich den ganzen Tag in einer virtuellen Medienwelt aufhalten. Und Gründe dafür gibt es ebenso viele. Um noch einmal den Zeitsprung in die Vergangenheit zu unternehmen, kann man sagen, dass es bei der Mehrheit der Familien früher darum ging, den Lebensunterhalt zu sichern. Man widmete sich den Grundbedürfnissen und damit auch der Immobiliensicherung, also einem Eigenheim. Man verzichtete weitestgehend auf Luxusgüter und Luxusreisen. Die Kinder wurden in Eigenverantwortung groß gezogen und nur in wenigen Fällen individuell gefördert. Familien blieben weitestgehend zusammen, eben um die Grundsicherung aller Beteiligten zu gewährleisten. Man könnte hier auch von einer „Versorgungsgemeinschaft" sprechen.

Hingegen kann man heute die Tendenz wahrnehmen, dass es, wie es auch schon von „Maslow" formuliert und auch in seiner Bedürfnispyramide dargestellt wurde, vermehrt darum geht, das Individuelle zu fördern, hin zu einer „Persönlichkeitsentwicklung". Spannend ist festzustellen, dass es heute, anders als früher, gesellschaftlich vermehrt gelebt wird. So entstehen in der Konsequenz andere Herausforderungen, mit denen wir uns heute auseinandersetzen müssen. Denn ein Kind, selbstverständlich auch in Liebe, als etwas zu betrachten, das da ist und einfach „nur" versorgt werden muss oder aber das Kind als jemand ganz individuelles zu betrachten, mit dem auch entsprechend kommuniziert und umgegangen werden muss, sind nun einmal völlig verschiedene Welten. Und das ist jetzt überhaupt nicht wertend gemeint, sondern schlichtweg ein anderer Vorgang. Ein Vorgang, der Maßnahmen erfordert, die von so unterschiedlicher Natur sind, dass man eben keinen Vergleich ansetzen kann.

Früher, so konnte man beobachten, hat man die Kinder nur in wenigen Ausnahmefällen zu Entscheidungen mit hinzugezogen, Kinder mussten das tun, was von ihren Eltern gefordert wurde, und das bitte ohne Widerspruch. Heute werden Kinder in Entscheidungsthemen mit einbezogen. Ob ein Zuviel, darüber lässt sich natürlich diskutieren. Aber der Grundsatz ist ein anderer.

Und wenn dann auch noch die äußeren Umstände, wie Gesundheitsthemen, Schulsystem, Gesellschaftliche Verpflichtungen beleuchtet werden, so stellt man fest, dass sich diese grundlegend verändert haben. Da kann es dann schon einmal zu einer Überforderung der heutigen Familien kommen.

Interessant bei der „Maslowschen Pyramide" (von Abraham Maslow: Farther Reaches of Human Nature (posthum 1971) ist auch, dass wenn wir uns zur Persönlichkeitsentwicklung hinbewegen, also hin zur Selbstverwirklichung, gleichzeitig die „Bedürfnisintensität" abnimmt. Spannend, wie ich finde! Wir sehen hier eine Tendenz, die heutzutage noch nicht mehrheitlich gelebt wird, aber schon sichtbar ist. Sie haben sicherlich schon mal was von den „Minimalisten" gehört. Besitz wird geteilt und nur das Notwendigste, das man wirklich zum Leben benötigt, angeschafft. So denke ich, dass dies der Ausgleich einer Sinuswelle sein wird – unsere nächste Mitte!

Doch auch das ist ein Weg, der nicht von heute auf morgen flächendeckend umgesetzt werden kann.

Dieses Beispiel verdeutlicht sehr schön, dass wir, wenn wir Probleme beheben wollen, nicht einfach einen Rückwärtsgang einlegen können. Auch können wir das Alte nicht einfach wieder aus unseren Schubladen holen.

Es geht vielmehr darum, neu zu denken! Andere Gedankenmodelle zuzulassen, um Umstände in unserem Leben zu verändern.

Wer hätte gedacht, dass es einst Online-Immobilien-Vermittler gibt, die es uns ermöglichen, überall auf der Welt wohnen zu können – ohne dabei Eigenheim besitzen zu müssen!

Wir müssen also anders denken! Auf eine Art und Weise Dinge tun, wie wir sie bisher noch nicht getan haben, um eine Veränderung in unser Leben zu holen!

So zwingt uns das System sozusagen zum „neu denken", oder wie Steve Jobs es schon formulierte „Think different" – „denke anders".

Bei dieser Gelegenheit möchte ich ein wunderschönes Zitat vorstellen, welches Paul Watzlawick, österr. Philosoph, 1921-2007 einst formulierte:

**Wenn Du immer wieder das tust,
was Du immer schon getan hast,
dann wirst Du immer wieder das bekommen,
was Du immer schon bekommen hast.**

**Wenn Du etwas Anderes haben willst,
musst Du etwas Anderes tun!**

**Und wenn das, was Du tust, Dich nicht weiterbringt,
dann tu etwas völlig Anderes,
statt mehr vom gleichen Falschen!**

So ist es auch mein Wunsch und meine Absicht, in diesem Buch einen ganz neuen Gedanken zu schaffen. Einen Gedanken, der die Frauen, Mütter, Ehefrauen und aber auch die Karrierefrauen befähigt, mit ihrer Rolle umgehen zu lernen. Doch so, dass ihr gesamtes Umfeld von ihrer Weisheit und Klarheit profitiert. Eine Weisheit die in die Einheit bewegt und Frieden schafft. Dabei ist es also völlig egal, welche Rolle sie einnehmen, die Frage lautet nur, wie sie diese Rolle leben. Doch um diesen so ganz anderen „Gedanken" zu kommunizieren, war es mir eben wichtig, die Vergangenheit der Frauen sowie den derzeitigen Verlauf zu beleuchten, wenn auch sehr oberflächlich und verkürzt dargestellt. Bevor wir also wieder in die Lüfte steigen, darf ich Sie noch mit einem sehr „bedeutenden" Thema vertraut machen, das ebenso kontrovers Diskutiert wird.

8. Die Emanzipation der Frauenbewegung

Definition des Wortes „Emanzipation"

Die deutsche Sprache definiert Emanzipation als „eine Befreiung aus einem Zustand einer Abhängigkeit heraus". Gleichermaßen ist es eine Beschreibung für „Selbstständigkeit" und „Gleichstellung". Das Wort kommt aus dem Lateinischen „emancipatio" und bedeutete ursprünglich „die Freilassung eines Sklaven".

So gab es immer schon Gruppierungen in unserer Gesellschaft, die eingeschränkte Rechte besaßen. Was die Frauen anbelangt, so sind wir bereits zur Genüge darauf eingegangen.

Erstmals hat dieses Wort während der Zeit des Sezessionskriegs in Amerika sehr stark an Gewichtung gewonnen. Die USA waren damals noch in Süd- und Nordstaaten getrennt, die einen wollten die Sklavenhaltung leben und die anderen nicht. Abraham Lincoln war es dann, der beide Staatenverbände einte und über die sog. „Emancipations Proclamation", die er am 22.09.1862 ausrief, die Sklaverei für beendet erklärte.

Diese Wiedervereinigung und damit auch die Befreiung der Sklaven aus einer Abhängigkeit heraus wird heute noch in den USA als **„Emancipation Day"** gefeiert.

Sie sehen, das Wort Emanzipation bedeutete erstmal nichts anderes, als sich, aus einer Abhängigkeitshaltung heraus, und diese kann vielschichtiger Natur sein, zu befreien. Doch warum klingt dieses Wort in manchen Ohren so „missbilligend" und warum wird dieses Wort immer wieder mit der Emanzipation der Frau in Verbindung gebracht? Warum reagieren häufig Männer so abwertend darauf, auch wenn sie sich es öffentlich nicht eingestehen dürfen? Hat das Wort doch selbst erst einmal nicht unbedingt etwas mit den Frauen zu tun!

Was also hat dazu geführt, dass dieses Wort in seiner so ursprünglich „fantastisch energetischen Bedeutung" derart verdreht und entfremdet dargestellt wurde?

Wir haben es ja bereits kurz beleuchtet, dass Worte eine Frequenz, eine Schwingung haben.

Dieses Wort hat eine ganz besondere Frequenz und Schwingung, es spricht energetisch über die Freiheit, eine Befreiung. In der Konsequenz dann über Gleichwertigkeit, über ein Miteinander und die Vereinigung, also das Gegenteil von Trennung. Eine Trennung, die wir zu lang und zu Genüge gelebt haben. Wie konnte es also dazu kommen, dass es in unseren Köpfen derart negativ abgespeichert wurde? So abgespeichert, dass wir alles andere als Freiheit und Gleichheit damit in Verbindung bringen?

Und wie können wir es wieder schaffen, dem Wort die Bedeutung zukommen zu lassen, die es verdient?

Was bedeutet Emanzipation heute in unserer Gesellschaft?

So möchte ich sie noch einmal kurz in unsere „Frauen-Emanzipations-Vergangenheit" des 19. Jahrhunderts mitnehmen.

Wie bereits in den ersten Kapiteln beschrieben, galten die Frauen, insbesondere in der Antike, als niedrig gestellt und waren daher in ihren Rechten sehr eingeschränkt. Dies änderte sich auch nicht wesentlich im Mittelalter, ganz im Gegenteil, was hier passierte wissen wir nun.

Die Rolle der Frau im 18. und 19 Jahrhundert

So ist es auch kein Wunder, dass erstmals erwähnenswert mit der französischen Revolution 1789-1799 sich die Frauen des Mottos „Freiheit und Gleichheit" ebenso bedienten, um gleichermaßen für ihre Rechte zu kämpfen. 1849 wurden dann politische Aktivitäten von Frauen gesetzlich verboten.

So sind Frauen weiterhin im 19. Jh. weder mündig noch autonom. Sie sind der Vormundschaft durch den Ehegatten unterstellt, oder, wenn sie keinen Mann haben, den Rechten der Familienmitglieder. Der Zugang zu öffentlichen Gesellschaften bleibt den Frauen verwehrt. So war es ebenso auch ihre Pflicht, dass Frauen unterer Klassen, es wurde hier nämlich unterschieden, arbeiten mussten, während Frauen bürgerlicher Gesellschaft nicht arbeiten durften. Diese mussten sich um ihren Ehemann und das Heim kümmern. So wurde es auch per Gesetz definiert, dass wenn Frauen arbeiten gingen, sie weniger verdienen mussten. So erhielten sie oft nur 1/3 des Lohnes zu dem üblichen Verdienst der Männer.

So muss man sich nicht wundern, dass es genau diese Situation war, welche dazu führte, dass es Ende des 19. Jhd. bzw. Anfang des 20. Jhd. zu einer Massenprostitution kam, damit sich Frauen unterer Gesellschaftsschichten überhaupt ernähren konnten.

In dieser noch sehr stark von Männern dominierten Welt wurden Frauen weder als selbständig noch als mündig betrachtet. Mit dem 1. und 2. Weltkrieg bevorzugte man sie auch als billige Arbeitskräfte. Gleichermaßen wurde dann auch noch mitunter genau diese Massenprostitution zum Vorwand verwendet, das totalitäre deutsche Regime unter Hitler einzuführen. Frauen der niederen Klassen wurden dann am Arbeitsleben beteiligt und ganz zwangsweise und aktiv eingesetzt. Die Männer an der Front, die Frauen mitunter in den Produktionsstätten und im Heimatland dafür sorgend, dass der Nachschub gewährleistet werden konnte. Was dann, nach Kriegsende, von den Trümmerfrauen geleistet wurde, war eine Sensation!

Diesen Frauen blieb einfach gar nichts anderes übrig, als hier „ihren Mann zu stehen".

Mit Beendigung der Kriegsjahre, blieben die Rechte weiterhin eingeschränkt und die Tätigkeitsfelder einer Frau blieben per Gesetz genau definiert.

Die Rolle der Frau in den 60er Jahren

So veränderte sich auch in den fortfolgenden Jahren nicht viel, bis dann die 68er Jahre kamen. Hier konnte sich die „Frauenbewegung" erstmals Gehör verschaffen. So war die Nachkriegsgeneration schon eine ganz andere. Frauen gingen studieren und so nutzten sie die „Studentenbewegung der 68er" wie schon seinerzeit die Frauen in der Französischen Revolution, um ihre Rechte mit zu bekunden. Veränderungen seitens des Gesetzgebers gab es noch nicht wirklich.

Die Rolle der Frau in den 70/80er Jahren

Erst Mitte der 80er Jahre wurden einige Gesetzestexte im BGB und anderen Gesetzesbücher wie im Strafgesetzbuch zugunsten der Frauen verändert.

So war es die Frauenbewegung in den 80er Jahren, die den Männern gefühlt den Kampf ansagte. Mann, im wahrsten Sinne des Wortes, empfand diese Frauenbewegung als äußert aggressiv und zerstörerisch.

Doch was ist hier passiert?

Eines kann jedoch klar beobachtet werden, dass seit der letzten Frauenbewegung, nichts mehr so ist wie es vorher war. Ganz im Gegenteil, so haben die Frauen schon fast den Zorn der Männerwelt auf sich gezogen, wenn sie es auch nur wagten, von Emanzipation oder Gleichberechtigung im Ansatz zu sprechen. Und seither kann man auch beobachten, dass das Wort „Emanzipation" einer Frequenz ausgesetzt wurde, die seinem Ursprung nicht entspricht. Als Schimpfwort auch „Emanze" genannt.

So möchte ich auch hier wieder eine Brücke schlagen und dafür sorgen, dass es wieder als das Wort und die Frequenz gewertet wird, für die sie im Ursprung stand. Nämlich für die „Befreiung aus einer Abhängigkeit" heraus. Für Freiheit und Gleichheit in der Würde eines Menschen. Jedoch aus einer Liebe und Selbstachtung, Güte und einem Selbstwert heraus und nicht aus einem kämpferischen, zerstörerischen Denken und Handeln, das zur Trennung führt.

Denn genau darin liegt ein wesentlicher Unterschied.

So war es durchaus wichtig und richtig, dass sich die Frauen aus einer Abhängigkeit heraus bewegten. Sich wichtig nahmen und die Gleichberechtigung als Ziel anvisierten. Doch wie sie es gemacht haben, war zerstörerisch und hinterließ, wie man heute sehen kann, sehr viele Scherben und Wunden. Eben es wurde ein Kampf gekämpft, ein Kampf, der erneut zu einer Trennung des Männlichen und Weiblichen führte.

Und genau deshalb leben die heutigen Frauen und Mütter, basierend auf der Frauenbewegung der 70er/80er Jahre, ein schon fast bemitleidenswertes Leben. Ja, vielleicht die eine oder andere selbstbestimmt, frei in ihren Handlungen, meint sie, jedoch nicht mit sich im Frieden und schon gar kein innerlich „freies" Leben.

Die meisten der Frauen haben es nicht geschafft, sich wirklich zu befreien. Ganz im Gegenteil, so haben sie sich die Männer verweiblicht und sie selbst sind zu vermännlichten Wesen geworden. So gehen sie heute in einer vermeintlichen Freiheit in die Arbeit, leben in einer vermeintlich selbstbestimmten Weise ein Leben und sind innerlich wie äußerlich doch nicht frei. Denn nun leben sie zwei Leben. Das der Frau/Mutter und Hausfrau und das der Frau/Mutter/Hausfrau und arbeitenden Frau, also der sich einverleibten männlichen Seite. In dem Glauben, alles alleine regeln zu können.

Von welchen Abhängigkeiten also haben sie sich nun befreit?

Sie haben tatsächlich mehr Rechte eingefordert, das stimmt. Diese Rechte wurden auch in den Gesetzestexten verankert, Gott sei Dank. Auch ist auf der äußerlichen Ebene viel passiert. So dürfen die Frauen nun sämtliche Berufe wählen, sie selbst dürfen selbstbestimmt handeln, Entscheidungen treffen, ihren Lebensalltag selbst bestreiten, wann sie es wollen und wie sie es wollen, ohne dabei gesellschaftlich geächtet zu werden. Doch wie sieht die Realität aus? Und warum musste der Gesetzgeber in jüngster Vergangenheit eine sog. „Frauenquote" einführen, wenn doch die Rechte gleichermaßen vorhanden sind?

Weil das Geschriebene und das Gelebte oftmals Welten voneinander trennen. Das, was geschrieben wurde, muss noch lange nicht gelebt werden. Und so können wir festhalten, dass die Bezahlung für eine Arbeitskraft einer Frau im gleichen Berufssektor immer noch deutlich unter den der Männer liegt. Auch werden Frauen wegen ihrer Qualitäten zwar geschätzt, jedoch oft vom

System ausgenutzt. Sie werden nach wie vor nicht allzu gerne für Führungspositionen eingesetzt, da das Nachwuchsthema mit Frauen im Berufsleben nicht wirklich geregelt ist und die Männer, ob sie es nun hören wollen oder nicht, die Frauen als ihre Konkurrenten betrachten. So musste hier wieder der Gesetzgeber eingreifen und zu einer „Frauenquotenregelung" aufrufen. Sehr traurig, wie ich finde.

Kann es denn die Frau nicht selbst für sich regeln?
Für sich selber stehen?
Für sich selbst in Verhandlung treten?

Die Dinge anders gestalten, auf dass sich ihr Umfeld verändert?

So gibt es durchaus diese Frauen, die das können, ja, doch diese tun es in einer derart dominanten, männlichen Art und Weise, dass das Männliche wie auch das Weibliche sie als „Emanze" beschimpft. So wurde dann zu guter Letzt das Wort „Emanzipation" auch noch völlig zweckentfremdet. So möchte ich behaupten, dass sich nur wenige Frauen aus einer echten „Abhängigkeit" heraus befreit haben, es hat sich lediglich die Form verändert.

Äußerlich scheinen erstmal beide die gleichen Rechte zu haben, ist es doch per Gesetz so definiert, doch leben sie beide in der Gesellschaft völlig unterschiedliche Rollen, vielleicht sogar dieselben Rollen, die sie immer schon gelebt haben!

Wenn also eine Mutter wünscht, keine Abhängigkeiten mehr leben zu wollen, so hat sie durchaus die Möglichkeit, ihr eigenes Geld zu verdienen, doch das nur in einem geringen Maße und mit Inkaufnahme enormer Mehrbelastungen. Denn wer übernimmt in dieser Zeit die Kinder? Den Haushalt? All das bleibt nach wie vor in den meisten Fällen an den Frauen hängen. Also wirkliche finanzielle Freiheit kann man das nicht nennen. Und die wenigen Rentenpunkte, welche sie dafür erhalten, ob es das alles wert ist?

Es wurde ein Kampf gekämpft. Ein Kampf gegen das Männliche, gegen das Patriarchat, doch zu welchen Konditionen? Und immer noch kämpfen beide Parteien diesen Kampf, die männliche wie die weibliche Seite, gemäß ihren angelegten Mustern, ihres gelebten Schmerzkörpers und ihres Egos entsprechend.

Was wäre, wenn einer dieser beiden Kämpfer, nämlich Sie als Frau, das energetische Kampffeld nun endgültig verlassen würden?

Was glauben Sie, würde passieren?

Und bevor wir gemeinsam herausfinden, wie wir das Kampffeld verlassen, möchte ich Sie auf eine faszinierende Reise der Sprachen, Klänge und Frequenzen mitnehmen!

9. Sprachen, Klänge und Frequenzen

So macht es einen sehr großen Unterschied, wie Sie mit Ihrem Gegenüber kommunizieren. Die Emotionen und deren Ausdrucksformen haben wir ja nun eingehend beleuchtet. Lassen Sie uns also die Sprache, die Klänge und deren Frequenzen betrachten.

Unsere Sprachbildung können wir dem Entwicklungsvorgang unserer menschlichen Zivilisation zuschreiben. Wir können feststellen, dass sich mit der Entwicklung einer Zivilisation auch die Sprachbildung verändert und umgekehrt. So habe ich bereits in einem anderen Kapitel darüber geschrieben, wie dies zustande kam und wie bedeutend die Sprache in unserer Gesellschaft ist. Dass eine einheitliche Sprache vereint und verbindet, während die Verschiedenartigkeit einer Sprache trennt.

Sie können es für sich selbst sehr schnell herausfinden, was es mit Ihnen macht, wenn Ihnen ein Mensch gegenüber steht, der Ihrer Sprache bemächtigt oder nicht.

Wenn man den theologischen Ausführungen der Bibel Glauben schenken kann, so war das Ende dem Turmbau zu Babel, eben einer „Sprachverwirrung" zu verdanken. Denn immer dann, wenn Kulturen und Menschengruppen nicht in einer Frequenz miteinander kommunizieren, schafft dies ein Durcheinander.

Eben das Gegenteil von einer Einheit! Man fängt an, sich zu bekämpfen. Wie im Kleinen, also in einer Familieneinheit, wo sich dann das Männliche und das Weibliche bekämpft, so im Großen, Gesellschaftlichen, wo sich ganze Kulturen untereinander bekriegen.

Die Sprache und damit die Aussprache und deren Ausdrucksform ist also ein ganz wesentlicher Bestandteil einer „gelungenen Kommunikation", doch noch viel bedeutender ist die Frequenz hinter einer Sprache. So ist es in der Tat ein großer Entwicklungsschritt der Menschheit, die Sprache in ihrer Ausdrucksform zu perfektionieren, zu vereinheitlichen, was jedoch noch viel wichtiger sein wird, ist die Frequenz dahinter aufzunehmen, um entsprechend zu agieren. Das wird dann flächendeckend vermutlich eher die Zukunft sein!

Die Sprache äußert sich zunächst über die Wörter, also die Information und deren Klänge. Dies entspricht ihrer Ausdrucksform.

Es ist also von entscheidender Bedeutung, wie Sie ihrem Gegenüber entgegentreten. Welche Wörter Sie verwenden und wie abstoßend oder anziehend Ihr Klang wirkt. Das ist eine wesentliche Voraussetzung dafür, ob Ihnen ihr Gegenüber nun zuhört oder nicht!

Und je entwickelter eine Nation, desto reiner und edler die Wortwahl und umso gewichtiger wird der Klang, also die Ausdrucksform. Beides ist gleichermaßen von großer Bedeutung.

In gebildeten Familienstrukturen kann man daher häufig beobachten, dass es durchaus üblich ist, sich der Vielfältigkeit einer Sprache zu bedienen und sich damit gewählt auszudrücken. Doch der Klang der Worte klingt maskenhaft und falsch. So ist es unabdingbar, um eine harmonische Kommunikation möglich werden zu lassen, beides zu vereinen: die edle Wortwahl und einen wohlklingenden Ton!

Doch wie bewerkstelligen wir das?

Zum einen, indem wir uns auf unser Gegenüber einlassen. Und das schaffen wir zu allererst, indem wir seine Sprache verwenden. So macht es keinen Sinn, mit einem russisch sprechenden Menschen deutsch zu sprechen! Er versteht Sie schlichtweg nicht!

Zum anderen, indem Sie verstehen lernen, was der Klang Ihrer Worte bedeutet und welche Frequenzen dahinterstehen.

Und wenn ich jetzt hier von Klang rede, dann meine ich vordergründig nicht, wie laut oder leise Sie mit ihrem Gegenüber reden, ob sie nuscheln oder nicht, ob ihre Stimme Tiefgang hat oder eher schrill klingt. Ja, all das spielt natürlich auch eine Rolle, doch ist es nicht das Wesentliche!

Es geht um die Frequenz dahinter.

Jede Ausdrucksform, also das, was Sie sagen, unterliegt einer Frequenz. So gibt es Menschen, die eine sehr monotone Redensweise haben, andere wieder eher lauter reden, wieder andere eher „Micky Mouse"-haft – und doch werden die einen gehört und die anderen nicht. Sie können also mit einer leisen Stimme einmal „bestimmend" wirken oder aber gleichermaßen „schüchtern", mit einer lauten Stimme hingegen eher „abschreckend" oder aber „mächtig" und „autoritär".

Die Lautstärke selbst, die Sie verwenden, wird in erster Linie nicht darüber entscheiden, ob man Ihnen Gehör schenkt oder nicht.

Ich denke, die Mütter unter Ihnen werden mir hier Recht geben! Denn gerade die Kinder sind es, die auf die Frequenz dahinter reagieren und die Wörter sowie deren Lautstärke erstmal unbeachtet lassen.

Dabei muss ich auch gleich an eine Geschichte von meiner Mutter denken, die sie uns als Kinder immer wieder erzählte. Mein Opa hatte eine eher leise, gleichbleibende Tonartlautstärke. Wenn meine Mutter als Kind etwas angestellt hatte, so musste er sie nur ansehen und für sie war klar – das hat Konsequenzen! Also die Stimmlage anheben musste er keineswegs, um seine Autorität sichtbar werden zu lassen! Und Mama, ich hoffe Du verzeihst mir jetzt dieses Beispiel :)

In diesem Fall wird verdeutlicht, dass es dabei noch nicht einmal irgendwelcher Worte bedarf! Doch das wird eher die Zukunft sein, wenn wir dann in den nächsten Entwicklungsschritt der „telepathischen Kommunikation" übergehen.

Doch was ist das „Dahinter"? Was bedeuten Frequenzen in einer Sprache? Was machen sie mit uns und unserem Umfeld und wie können wir darauf einwirken? Jedenfalls nicht, indem Sie ihre Lautstärke verändern! Auch nicht, indem Sie zu Masken greifen, denn wie schon gesagt, gerade Kinder sind in der Lage, das „Dahinter" zu begreifen. Sich also eine „künstliche" Autorität zuzulegen, hilft nicht viel. Auch nicht, indem Sie zu einem vermeintlichen „Duckmäuschen" werden, um etwas bei Ihrem Gegenüber zu erreichen. Glauben Sie nicht, dass die Menschen, die Ihnen gegenüber stehen, die einen mehr, die anderen weniger, ebenso auf die Frequenz dahinter reagieren? Vielleicht nicht mehr ganz so gut, als sie es noch im Kindesalter taten, nun aber, dank der Frequenzanhebung unserer Erde, immer häufiger.

Um also die Sinnhaftigkeit einer Sprache und damit deren hörbare Frequenzen verstehen zu können, ist es mir wichtig, kurz darauf einzugehen. Ich möchte Sie nicht mit langatmigen Abhandlungen belästigen. Deshalb halte ich mich in diesem Punkt sehr komprimiert und verzichte bewusst auf sämtliche Recherchenachweise. Wenn der eine oder andere Punkt für den Leser interessant sein sollte, so gibt es dazu genügend Informationsmaterial. Mir geht es ausschließlich um die Vermittlung einer Kernaussage!

Wie kommt es, dass bei gleicher Aussage zweier Personen, mit einem neutralen Text, es sich bei dem einen „missklingend" und bei einem anderen „wohlklingend" anhört?

Treffend und auch noch mit ganz viel Humor versehen, hat es für mich der Regisseur George Cukor in dem Film „My Fair Lady" geschafft, dies zu veranschaulichen. Wunderbar dargestellt, was die Sprache und deren Ausdrucksform mit uns Menschen machen kann. Und es ist tatsächlich so. So können wir gesellschaftlich feststellen, dass Menschen sich mit der Entwicklung einer Sprache verändern. Auch wir empfinden Menschen, die in einer anmutigen Art und Weise kommunizieren sowie sehr gepflegte Wörter verwenden als sehr angenehm. Ihnen könnten wir stundenlang zuhören. Im Gegenzug empfinden wir Menschen, welche die Sprache der „Gosse" verwenden als etwas unschönes, um es hier sehr harmlos auszudrücken.

Dies hängt natürlich davon ab, wie wichtig Ihnen selbst die Sprache ist.

Ein Klang kann also in unseren Ohren, wie das Wort selbst schon sagt „wohlklingend" oder „missklingend" sein. Doch was bedeutet Klang überhaupt?

Was ist Klang?
Und wie wird er erzeugt?

Klang bzw. Töne sind eine für uns hörbare Schwingung. Tiere zum Beispiel nehmen Klänge und Töne ganz anders auf als wir Menschen.

Es benötigt einige Voraussetzungen dafür, dass wir einen Ton aufnehmen und verarbeiten können.

Die Information selbst:

Einen Träger der Information	= Schwingung
Die Fortbewegung der Schwingung	= Welle oder Teilchen
Ein Raum indem sich die Schwingung ausdrücken kann	= Medium

Die Aufnahmefähigkeit einer Schwingung geschieht bei uns Menschen über das Gehör oder bei sensitiven Menschen direkt über das Feld!

Nachdem sich die Physiker noch nicht ganz einig sind, ob es nun Wellen oder Teilchen sind oder vielleicht beides kombiniert, werde ich der Einfachheit halber von Wellen sprechen. Beides aufzuführen, würde den Lesefluss unterbrechen.

Um also noch einmal bei den Tieren zu bleiben, kann man bei Delphinen beobachten, dass diese Frequenzen ganz anders aufnehmen als wir Menschen. Bei Delphinen wäre das Medium das Wasser. Das Wasser ist ein Speicher und Überträger von Schwingungen! Also Träger einer Welle. Ein Raum, der es ermöglicht, dass die Wellen eingefangen werden können. Bei den Menschen hingegen ist es die Astralebene. Ihr ganz individueller Torus!

Was glauben Sie, war zuerst da, die Information selbst oder die Ausdrucksform der Information, also der Klang?

Wir können also festhalten, dass wir zuallererst die Information selbst benötigen, bevor diese über eine Ausdrucksform in die Welt transportiert werden kann. Wenn also in unserem „Menschsein" die Ausdrucksform der Information die Töne und die Klänge sind, so muss es zu allererst eine Information dazu geben, damit der Klang erzeugt werden kann.

Es ist wie bei einem Pianisten. Zuerst benötigt man die Noten, die Information. Anschließend, mit dem Anschlagen der Tasten eines Flügels, wird dann der hörbare Klang erzeugt. Und je besser der Pianist in seinem „Lernprozess", umso wohlklingender wird dann die Komposition!

Lassen Sie mich dies anhand eines Beispiels erklären.

Sie erinnern sich, wir hatten das Thema Frequenzen und Schwingungen schon kurz angeschnitten.

Wir verwendeten es zur Erklärung des „Schmerzkörpers".

So möchte ich hier bei dem bereits verwendeten Beispiel und damit der benannten Eigenschaft der „Eifersucht" bleiben. Übertragen auf die Information wäre es in unserem Beispiel der „erlebte Schmerz" selbst.

Der „erlebte Schmerz" findet statt und wird als „Information" in Form einer Welle gespeichert. Diese ist für uns zunächst nicht sichtbar.

Jedoch vorhanden und für spürige Menschen auch fühlbar sowie aufnehmbar! Die Information, die in der Welle gespeichert ist, bewegt sich nun fort. Der Fortbewegungsvorgang wird dann Schwingung genannt.

Also das Bewegen einer Welle mit einer Information ist zunächst nichts anderes als eine Schwingung.

Damit sie für uns Menschen greifbar wird, benötigt es einen Raum. Einen Raum, der es möglich macht, dass diese Informationen gespeichert werden können. Dieser Raum, in unserem Beispiel unser individuelles Feld, ist für die meisten Menschen nicht sichtbar.

Doch ist die mit „Informationen belegte Schwingung" sehr wohl spürbar! Zunächst, Sie denken an die Steinzeitmenschen, wurde diese Schwingung einfach nur ausgelebt.

Mit der Entwicklung der Sprache wurden diese mit Informationen belegten Schwingungen mit „Worten" versehen. Man gab ihnen den Namen „Emotionen" und fing an, sie mit Eigenschaften zu belegen. In unserem Fall die Eigenschaft „Eifersucht".

Und so entspricht dem Wort Eifersucht ein bestimmter Klang.

Wenn wir also mit Menschen in eine Kommunikation treten, so ist der Klang einer Sprache sehr bedeutend.

Jedoch noch viel gewichtiger aber ist die Frequenz dahinter.

Doch was ist nun eine Frequenz?

Frequenzen

Frequenzen entstehen bei einer Anhäufung von Schwingungen. Diese werden in Hertz (Hz) gemessen.

Die Anhäufung von Schwingungen über das Medium Luft (Frequenz), macht es für uns Menschen überhaupt erst möglich, einen Klang hören zu können. Während eine Frequenz über das Medium Wasser verstärkt von Wassertieren, wie z. B. den Delphinen, aufgenommen wird.

Würden wir es in eine Formel packen, könnte diese wie folgt aussehen:

Geist	= Entwickler der Information
Überträger einer Information	= sind Wellen oder Teilchen
Bewegung	= Schwingung von Wellen/Teilchen
Häufigkeit	= Frequenz einer Schwingung
Träger einer Frequenz	= Medium (Wasser bzw. Luft)
Ausdruck einer Frequenz	= Klang/Wort (Sprache)

Rückwärts betrachtend könnte man die These aufstellen, wenn man die Ausdrucksform und das Medium weglässt, so gibt es immer noch die Häufigkeit der Schwingungen und damit deren Frequenzen.

Dies wäre eine energetische Betrachtungsweise. Die Frequenz ist immer noch im Raum vorhanden. Nur wird sie eben nicht mehr über das Medium Luft in unseren Sprachraum transportiert. Es entsteht für uns kein hörbarer Klang! Doch genau das ist es, was sensitive Menschen aufnehmen. Die Frequenz, welche im Raum vorhanden ist, aber nicht über den Klang von Worten sichtbar gemacht wird. Man würde hier von „hellsichtigen, hellfühligen oder hellhörigen" Menschen sprechen.

Telepathie, die Sprache der Zukunft, ist nichts anderes, als das Fortbewegen von Wellen (Schwingung) vom Sender zum Empfänger, ohne die Ausdrucksform eines Klanges.

Doch mit welchen Informationen sind diese Wellen belegt? Sind sie mit den Eigenschaften der selbstlosen Liebe behaftet oder aber von negativen Emotionen belastet?

Wenn wir also die Sprache und deren Frequenzen energetisch kurz beleuchten wollten, so müssten wir festhalten, dass sich diese in der bestehenden Menschheitsgeschichte stark gewandelt hat.

Wenn wir den menschlichen Evolutionszyklus bei den Steinzeitmenschen beginnen, so bedienten sie sich, aufgrund der fehlenden Sprachbildung, lediglich gewisser „Laute". Emotionen hingegen lebten sie triebhaft und sofort aus. Ihre „Laute" erinnerten einst an die heutigen Affen, weshalb vermutlich auch der Gedanke entstand, dass wir von ihnen abstammen könnten.

Doch denke ich, wurde bei dieser Theorie das Wesentliche, nämlich der „Geist" außer Acht gelassen. Ein Geist, der dazu fähig ist, eine Sprache zu entwickeln, sich selbst in einer Persönlichkeit hin zu entwickeln, zu wachsen und damit als Wesen eigenverantwortlich zu handeln. Mit der weiteren Sprachentwicklung schafften es die Menschen dann, „Wörter" zu entwickeln, sie zu Sätzen umzuformulieren um es später dann mit der „Schreibfähigkeit" zu perfektionieren.

Die Sprache wurde immer komplexer und es wurde immer mehr differenziert. Man könnte also meinen, wir befinden uns auf einem Höhepunkt der „Sprachwissenschaften". Doch mit der „Sprachbildung" erlernten wir ebenso gut das Kontrollieren unserer Emotionen.

Wenn man die Emotionen früher noch sofort zum Ausdruck brachte, so haben wir heute gelernt, sie einzusperren. Masken wurden angelegt, weil man ja gelernt hat, kontrolliert zu leben. Es gehörte sich nicht, sich emotional zu „outen".

Deshalb könnten wir auch sagen, wir stehen in der „Sprachentwicklung" sicherlich auf einem derzeitigen Höchststand. Doch emotional gesehen, in der Ausdrucksform auf einem Tiefstand.

So wäre der nächste denkbare Entwicklungsschritt der Menschheit der, Emotionen wieder Ausdruck zu verleihen um sie dann in die Heilung zu geben, sowie bei der zwischenmenschlichen Kommunikation verstärkt auf die Frequenz dahinter zu achten.

Denn was glauben Sie, nimmt Ihr Gegenüber bei einem Gespräch mit Ihnen auf? Ihre gewählten Wörter oder die dahinter liegende Frequenz? Ich möchte mal behaupten, es ist die dahinter liegende Frequenz, nur wird diese oft ganz unbewusst aufgenommen, weshalb die Menschen es eben nicht miteinander in Verbindung bringen.

Deshalb verstehen sie es oft selbst nicht, warum sie bei manchen Menschen, scheint doch das Gespräch inhaltlich selbst zunächst sehr „unbedeutend" zu sein, so reagieren wie sie reagieren.

Und genau hier möchte ich wieder zurück zu uns als Frauen kommen, damit zur Wortentwicklung „Emanzipation" und was daraus entstand.

Wenn wir nun davon ausgehen, dass es nicht das Wort selbst ist, was beim Gegenüber ankommt, sondern die Frequenz dahinter, so ist es ratsamer, sich ständig darüber im Klaren zu sein, was genau vermittle ich gerade dem anderen? Und wenn ich jetzt die Verbindung zur Emanzipation der 80er Jahre wieder herstelle, so kann man sich denken, was genau hier gesellschaftlich vermittelt wurde.

Nämlich eine einzige, frequentive „Kampfansage" an das männliche Wesen.

Und als solche wird sie auch von den meisten Männern empfunden.

So war die Absicht vielleicht erstmal richtig, wollte man sich ja aus einer Abhängigkeit heraus befreien. Es wurden Wörter verwendet, welche durchaus Sinn hatten. Doch das Entscheidende, nämlich das Wie wurde völlig missachtet. Wie ist man die Sache angegangen? So hat man Frequenzen in eine Ausdrucksform gebracht, die sehr viel Leid und Schaden angerichtet haben. Denn die Menschen, insbesondere die Männerwelt um die es ja ging, hat man mit „scheinbar" guten Vorhaben, mit Frequenzen beschossen und an die Wand gestellt. Kein Mensch möchte gerne von anderen beschossen werden. Und die wenigsten reagieren darauf mit Liebe und Güte.

So können genau wir Frauen es wieder schaffen, hier in ein Umdenken und auch in ein Umhandeln zu kommen. Doch dazu bedarf es noch einiger Informationen, die ich im Anschluss weiterführen möchte.

Bevor ich im Inhalt weitergehe, möchte ich an dieser Stelle in aller Deutlichkeit sagen, dass ich keinen an den Pranger stellen möchte, geschweige denn in die Verurteilung gehen werde. Weder die alten Griechen und Römer unter Kaiser Constantin, noch die Kirche mit ihrer historischen Art und Weise, wie sie mit den Frauen umgegangen ist, noch eine Alice Schwarzer, die eine schillernde und umstrittene Persönlichkeit der Emanzipationsbewegung der Frauen in den 80er Jahren war. Mir geht es einzig und allein darum, aufzuzeigen, was möglicherweise dazu geführt hat, dass wir heute da stehen wo wir stehen. Und aber gleichzeitig Wege zu finden, wie wir künftig als Gesellschaft wieder zu einer Einheit und einem Miteinander kommen, wo jeder seinem Wesen und seiner Bestimmung entsprechend das Weibliche oder Männliche leben darf. Ganz im Gegenteil vertrete ich persönlich sogar die Ansicht, dass ein Wellenausschlag ins andere Extrem (was bei der Emanzipation der 80er Jahre deutlich erkennbar stattgefunden hat) in diesem Fall sogar kurzfristig notwendig war, um es jetzt wieder in seine Mitte zu führen, gleich einer Sinuswelle. Und auch denke ich, dass die Zeit dafür gekommen ist.

Doch die Männer, meine lieben Damen, werden es für uns nicht tun. Diesen Kampf müssen schon wir beenden. Und welche Möglichkeiten es hierzu gibt, das verrate ich Ihnen gleich.

So wünsche ich mir, dass es die heutigen Frauen sein werden, die dem Wort „Emanzipation" wieder zu seiner richtigen Bedeutung verhelfen. Dass die Schwingung und deren Frequenz des Wortes in die Heilung gehen darf, um energetisch wieder fließen zu können. Nicht im Kampf und auch nicht aus einem opportunistischen Gedanken heraus, sondern in selbstloser Liebe! Dass man sich zurück erinnert und es als Feiertag deklariert. Dass es eben genau die Frauen, die man über Jahrtausende in der Gesellschaft unterdrückte, geschafft haben, für Frieden und Einklang zu sorgen. Die Familie wieder in die Heilung zu bringen, um eine Harmonie und Einheit leben zu können.

10. Verweiblichung des Mannes, Vermännlichung der Frau – die Frauenbewegung

Wenn Frauen zu Männern werden

Doch bevor wir abschließend zu den möglichen Lösungsansätzen kommen, möchte ich Sie noch ein klein wenig in die heutige Gegenwart mitnehmen.

Welche Tätigkeitsfelder eine Frau/Mutter/Karrierefrau heute zu bewältigen hat und wie ihr Alltag aussieht, haben wir bereits beleuchtet.

Damit sich die Frau aus einer gesellschaftlichen „Abhängigkeit" heraus bewegen konnte, benötigte sie für sich einen Weg. Eine Strategie. So beschloss sie, vermutlich eher unbewusst, zu sein wie ein Mann. Sie eignete sich die gleichen Eigenschaften an, bediente sich seiner Worte, seiner Kleidung, seines Auftretens. Sie kopierte ihn ganz und gar.

Sie fing also an, so zu reden wie er, sich zu kleiden wie er, sich zu bewegen wir er. Ihr ganzes Äußeres und Inneres glich sie ihm an. Sie kopierte ihn in den Verhaltensweisen und hat sich auf sein Terrain begeben. Sie tat es ihm gleich und bot ihm dadurch die Stirn. Sie verinnerlichte die männlichen Eigenschaften wie z. B. die Durchsetzungskraft, machtvolles Auftreten, Unabhängigkeitsdrang, Tatendrang, Impulsivität, strategisches Denken usw. erfolgreich und wendete dies entsprechend an. Teilweise so erfolgreich, dass sie damit so manchen Mann in den Schatten stellte.

Sie verstand, wenn sie so denkt und fühlt wie ein Mann, kann sie sich ihm entgegenstellen. Mit ihm auf Augenhöhe kämpfen. So kopierte sie zunächst männliche Eigenschaften, später wurden diese ersetzt. Ob bewusst oder unbewusst, das möchte ich jetzt mal nicht bewerten.

Es macht einen wesentlichen Unterschied, ob ich Eigenschaften als solche, darüber schreibe ich später detaillierter, erst einmal nur in mir anlege, oder aber ob ich sie durch andere Eigenschaften ersetze.

So könnte man energetisch betrachtet sagen, dass sie damit ihr „Geburtsrecht" verkaufte. Gleich dem Beispiel in der Bibel – mit Esau und Jakob.

Sie lebte nun verstärkt das männliche Prinzip.

Doch das ist nicht das, was die Frauen und demnach das weibliche Geschlecht ausmacht. Sind sie doch nach wie vor das empfangende, nährende Prinzip und können nicht einfach mal schnell zu einem gebenden Prinzip werden. Diese Rechnung geht nicht auf!

Und wenn wir jetzt auch noch verstanden haben, dass es bei uns energetisch betrachtet verstärkt darum geht, die Frequenzen dahinter zu betrachten, so kann man sich vorstellen, wie irritiert die Männer in der heutigen Zeit sein müssen, wenn sie einem „weiblichen" Wesen gegenüberstehen, das ganz „seinen Mann" steht. Denn wie schon gesagt, glaube ich, dass die Menschen mehr die Frequenz dahinter aufnehmen, als das, was wir sagen oder darstellen. Der eine mehr, der andere weniger.

So kommt es bei den Männern zu einem ständigen Widerspruch! Und Widersprüche schaffen Irritationen und damit einen gestörten Energiefluss. Sie trennen anstatt zu verbinden.

Sie sehen es überall in unserer Gesellschaft.
Wie sich das weibliche Geschlecht den Männern angepasst hat. Wirtschaftlich betrachtet, indem sie meinen sich den Männern gegenüber behaupten zu müssen. Sie werden noch stärker, noch rücksichtsloser, noch mächtiger. In der Kommunikation selbst, indem sie „Schlagfertigkeit" üben. In vielen anderen Bereichen des Lebens, selbstbewusst und dominant, gepaart mit ganz viel Impulsivität in das Kampffeld der Männer eintreten und es verteidigen.

Man muss hier schon fast sagen, die „armen Männer", denn die Frauen tun es auf eine viel offensivere und streitlustigere Art, als es die Männer je taten.

Und so möchte ich Sie, liebe Frauen fragen, ist es wirklich das, was wir wollten? Die Männlichkeit zu leben? Unser Geburtsrecht auf Weiblichkeit hergeben, um das „Gebende" zu werden? Den Männern die „Stirn bieten zu wollen"?

Ich glaube, es ist nicht das, was wir wollten. So ging es uns im Kern doch lediglich darum uns aus einer „Abhängigkeit" zu befreien.

Doch wie wir es getan haben, sicherlich ein Weg der zum Verlust der „Weiblichkeit" geführt hat.

Also lassen Sie uns wieder zu den Ursprüngen zurückkehren. Jedoch nicht, um eine Abhängigkeit zu leben. Lassen Sie uns heraustreten aus dem Kampf und dafür zu sorgen, dass wir unser Geburtsrecht, nämlich das weibliche, wieder vollumfänglich leben dürfen.
Dass wir Widersprüche, die durch uns entstanden sind, wieder regulieren können. Dass wir, wieder heil in uns selbst, durch Weisheit und Güte, Anmut und Würde erstrahlen und unser Umfeld in eine Harmonie und Einheit hinein bewegen.

Wenn Männer zu Frauen werden

Da dieses Buch vordergründig für das weibliche Geschlecht geschrieben wurde, möchte ich mich nicht allzu sehr bei dem männlichen aufhalten. Doch ist eine Gegenüberstellung des Männlichen zur „Vermännlichung der Frau", wenn auch nur sehr verkürzt und oberflächlich dargestellt, notwendig.

Ich werde daher die Herren der Schöpfung in drei Hauptarten versuchen zu beschreiben. Die Männer unter Ihnen mögen mir verzeihen, wenn sie sich in der Darstellung, nicht oder nur teilweise wiederfinden.

So können wir rückblickend, nach der Emanzipationsbewegung des letzten Jahrhunderts, sagen, dass sich die Männerwelt ebenso sehr verändert hat wie die Frauenwelt.

Von einem sehr zur Dominanz neigenden Mann hin zu einem mitfühlenden, gefühlsbetonten Mann. Wenn also ein gefühlsbetonter Mann früher noch die Seltenheit war, so finden wir diese Art Mann heute eher sehr viel mehr in unserer Gesellschaft vor.

Ich möchte auch hier noch einmal darauf hinweisen, dass es nicht wertend gemeint ist, denn das eine ist weder gut noch schlecht, die Frage, welche sich daraus ergibt ist die, welche Eigenschaften und deren Ausdrucksform sind es, die mich in meiner persönlichen Entwicklung weiterbringen? Oder werden durch nicht gelebte Eigenschaften Blockaden gesetzt. Blockaden, die dann Widerstände generieren und damit den persönlichen Energiefluss des Lebens stören.

Dies kann natürlich nur jeder für sich selbst beantworten. Meine Absicht ist es, wenn sie als man es sind, der dieses Buch gerade liest, die Arten der Männer, wie es sie heute verstärkt gibt, erst einmal in ihren Eigenschaften – und das ganz wertfrei – zu beschreiben. So kann es durchaus sein, dass Sie sich in allen nachstehend aufgeführten Rubriken in den einzelnen Eigenschaften wiederfinden.

Mann No. 1 - Der Jäger
sehr ausdrucksstark in seiner Männlichkeit

Dieser Mann kämpft immer noch einen Kampf.
Er lässt sich nur sehr ungern belehren, sieht sich nach wie vor in einer dominanten Position und ist sich seiner männlichen Eigenschaften sehr bewusst.
Er liebt und hütet sie.
Er wirkt nach außen sehr erhaben und lebt seine Männlichkeit sichtbar und spürbar.
Er zeigt in aller Deutlichkeit, wer der „Herr im Hause" ist und wer in letzter Konsequenz der „Entscheidungsträger" ist, diese Position lässt er sich nicht streitig machen.
Er zeigt weder Gefühle noch lässt er sich emotional in die „Karten" schauen.
Ist kontrolliert und beherrscht sowie strategisch versiert.
Er hält das Hierarchiesystem von Positionen ein und belächelt vermutlich die „Frauenquotenregelung".
Seine Männlichkeit spiegelt sich in sämtlichen Handlungen wider.

Mann No. 2 - Der Frauenversteher
mit vielen weiblichen Anteilen

Dieser Mann hat aufgehört zu kämpfen, eher aus einer Willensschwäche heraus.
Er versteht jeden und alles. weshalb er sehr stark mitfühlend sein kann. Mit einer dominanten, standhaften Position tut sich dieser Mann schwer, deshalb positioniert er sich nur sehr selten.
Er wirkt nach außen hin sehr weich und äußert dies im Mitgefühl und in starker Sensibilität.

Er versucht in der Arbeit und im Heim eine Gleichberechtigung zu leben, aber aus dem Grund des sich Aufgebens. Die „Entscheidungsträgerfunktion" schreibt er sich nicht zu und überlässt so ziemlich alles den Frauen. Somit kann man ihm auch nichts mehr streitig machen. Er ist sehr gefühlsbetont und zeigt dies auch nach außen. Er unterwirft sich dem System der neuen „Frauenwelt" und passt sich an deren Strukturen an, ob freiwillig oder zwangsweise, ob anerzogen oder willentlich sei hier dahin gestellt.

Wörter wie „herrschen, Macht ausüben, strategisches Denken" liegen ihm nicht. Arbeiten im Haushalt und auch im Alltäglichen werden gerecht verteilt. Diese Art Mann erledigt dies nicht aus einer Überzeugungshaltung heraus, weil er versteht, dass sich die Zeiten verändert haben, sondern weil er den Widerstand gegen die Frau aufgegeben hat und sich dem gesellschaftlichen System, bewusst oder unbewusst, unterworfen hat. Tief in seinem Inneren fühlt er sich vielleicht auch durchaus „entmannt".

Diese Art von Männer zeichnet sich dadurch aus, dass sie nicht mehr wirklich wissen, was sie wollen, wie sie es wollen und verlieren schon einmal den Boden unter den Füßen. Was dann durchaus zu Wankelmut und Unentschlossenheit führen kann.

Mann No. 3 - Der Herrscher

Dieser Mann kämpft, wenn denn ein Kampf notwendig erscheint.
Und wenn er kämpft so nicht um zu zerstören, sondern um zu erhalten.
Von Wankelmut und Unentschlossenheit keine Spur!
Er ist sich seines Wertes bewusst.
Er verkörpert Macht, ohne ungerecht zu wirken!
Er verkörpert Stärke, ohne andere zu unterdrücken!
Er verkörpert Autorität, ohne rücksichtslos dabei zu sein!
Er verschafft seinen Gefühlen Ausdruck, ohne sich dabei entmannt zu fühlen.
Er versteht Gleichberechtigung und Gleichwertigkeit zu leben, ohne seine Andersartigkeit zu verlieren.
Die Beziehung ist ihm ebenso wichtig wie die Harmonie.
Der Gerechtigkeit verleiht er Ausdruck, indem er auf Werte und Tugenden zurückgreift.
Die Güte und Warmherzigkeit versteht er ebenso einzusetzen, wie Klarheit und Struktur.
Strategie lebt er ohne manipulativ zu werden.

Vor diesen Männern ziehe ich ganz persönlich den Hut! Denn auch sie sind es, die es geschafft haben, in ihre Mitte zu kommen. Hier denke ich wieder an meinen Opa, denn er war es, der mir die energetische Definition des Herrschers zum Vorbild werden ließ.

Wir sehen also, dass sich die Gesellschaft, was das Weibliche und Männliche anbelangt, sehr verändert hat. Es hat seit der letzten Emanzipationsbewegung eine große

Verschiebung der männlichen und weiblichen Anteile gegeben. Es kam zu großen Verwirrungen und Unsicherheiten, was denn nun gesellschaftlich gelebt werden kann und darf.

Wie können wir es also schaffen, ob nun weiblich oder männlich, diese Eigenschaften und Qualitäten in uns wieder zu entwickeln und sie damit in unseren Alltag einfließen zu lassen?

So ist es gleich einem „Seiltanz" beide Frequenzen in Form von Eigenschaften, nämlich das Männliche wie das Weibliche, in jedem von uns zu integrieren und dabei weise zu wählen, wann wir welche zum Vorschein kommen lassen. Sie können also ganz gemäß Ihrer geschlechtlichen Grundbestimmung entweder männlicher Natur sein, oder ganz Frau – und dennoch „Frequenzen" des Gegenübers zum Ausdruck bringen.

Damit dies besser verstanden werden kann, möchte ich mit ihnen die Definitionen von Gleichberechtigung, Gleichwertigkeit, Gleichartigkeit erarbeiten, was sie bedeuten und welchen Einfluss sie auf uns haben.

Gleichwertigkeit, Gleichberechtigung und Gleichartigkeit

So lassen Sie uns die Begrifflichkeiten der Gleichwertigkeit, der Gleichberechtigung sowie der Gleichartigkeit einmal näher beleuchten. Was sie im Kern bedeuten und warum es gesellschaftlich eben auch Frequenzen sind, die nur sehr ungern benannt werden, weil sie ganze Diskussionen auslösen.

Beginnen wir mit der Gleichwertigkeit!

Gleichwertigkeit

Gleichwertigkeit setzt sich aus zwei Wörtern zusammen, „gleich" und „Wertigkeit". Ersteres wird jedem ein Begriff sein. Beim Wort „Wertigkeit" wird es schon etwas komplizierter. So symbolisiert dieses Wort die Werte und Tugenden eines Individuums. Diese können je nach Bildungsgrad, kultureller und religiöser Herkunft und auch länderspezifisch sehr unterschiedlich sein. Wollen sich nun das Männliche sowie das Weibliche auf der Ebene der „Gleichwertigkeit" begegnen, so bedingt es eben gleicher Werte und Tugenden.

Unterscheiden sich diese sehr stark innerhalb einer Begegnung, so könnte man sagen, sind Konflikte vorprogrammiert.

Es macht also nicht den Unterschied, ob sie männlich oder weiblich sind, sondern ob sie die gleichen Werte und Tugenden für sich definiert haben oder nicht.

Gleichberechtigt

Gleichberechtigung bedeutet, dass beide den gleichen „Entscheidungsrahmen" haben. Ein Entscheidungsrahmen der von beiden gleichermaßen getroffen und gelebt werden kann und nicht von äußeren Gegebenheiten (wie z. B. der Gesetzgebung) eingeschränkt wird. So geht es hierbei darum, dass das Männliche wie das Weibliche, ganz neutral betrachtet, „Entscheidungen" frei und ohne Abhängigkeit zum Gegenübers oder der Gesellschaft treffen kann.

Auch dies hat erstmal nichts damit zu tun, ob Sie nun männlich oder weiblich sind, sondern wie „selbstbestimmt" Sie innerhalb einer Gemeinschaft Ihr ganz eigenes Leben führen.

Sicherlich ist es von großer Bedeutung, wie Sie Ihren Entscheidungsrahmen leben und ob Ihr Gegenüber damit in Resonanz geht. So ist es dann in der Konsequenz auch hier wieder ein Hinweis darauf, ob Gleichberechtigung erfolgreich gelebt werden kann oder nicht.

Sie sehen, allein schon an diesen beiden Punkten, dass es nicht einfach nur damit getan ist, eine Gleichberechtigung und Gleichwertigkeit zu leben, weil es heute der Gesetzgeber so vorschreibt, sondern das es um so viel mehr geht.

Kommen wir zum letzten Punkt, der „Gleichartigkeit".

Gleichartigkeit

Bei der Gleichartigkeit geht es um eine gleiche Art, wie der Name schon sagt. Und das hätten wir aus körperlich, medizinischer Sicht dann, wenn wir gleiche Geschlechter miteinander verbinden. Also männlich und männlich und weiblich und weiblich. Die soziologischen Ansichten hier ganz bewusst außen vor gelassen.

So können wir aus medizinischer Sicht sagen, dass die Frauen und die Männer keineswegs „gleichartig" sind. Im Umkehrschluss müssten wir das Wort „Andersartigkeit" verwenden. Denn schließlich ist es immer noch so, dass es auf natürlichem Weg die Frauen sind, die den Samen der Männer empfangen, um dann ein Kind zu gebären. Hormonell sowie auf der DNA- und Organebene finden wir dazu signifikante Unterschiede. Da gibt es nun einmal nichts hinein zu interpretieren, weshalb auch alle weiteren Ausführungen auf dieser Aussage basieren.

Daher möchte ich vom Grundsatz her, den Mann dem gebenden Prinzip und die Frau dem empfangenden Prinzip zuordnen.

Die Eigenschaften aber derer können vielfältiger Natur sein. So ist es z. B. durchaus möglich, dass es Frauen gibt, die sehr starke männliche Eigenschaften wie sie oben von mir beschrieben wurden, integriert haben und auch leben. Oder aber es Männer gibt, die sehr stark weibliche Eigenschaften integriert haben und diese leben.

Jedoch vom Grundsatz her, haben wir entweder eine männliche Seite oder aber eine weibliche Seite.
Entweder einen Mann oder eine Frau.

Wir haben Eigenarten, die dem urweiblichen und dem urmännlichen Prinzip zugeordnet werden können. Jede dieser Eigenarten steht für sich. Sie sind weder gut noch schlecht und ganz im Gegenteil, sie werden allesamt benötigt, um eine familiäre sowie gesellschaftliche Einheit leben zu können. Wir benötigen beide Prinzipien.

Wir benötigen das weibliche wie auch das männliche. Gleichermaßen, gleichwertig und in der Andersartigkeit – eben nicht in einer Gleichartigkeit.

So ist der nachfolgende Spruch (Verfasser unbekannt) erwähnenswert:

„Der Mann, ist der Kopf, nach ihm muss alles gehen. Die Frau, der Hals, sie weiß den Kopf zu drehen"

Hier geht es schön daraus hervor, dass der Kopf ohne den Hals oder auch umgekehrt nichts ausrichten kann. Sie sind gleichwertig, jedoch andersartig. Man kann auch unmöglich sagen, dass der Hals mehr wert sei als der Kopf, denn beides kann ohne das andere nicht existieren. Wer hat also hier eine Wertigkeit hinein gelegt, dass der Kopf mehr wert sei, als der Hals? Dies haben wir ja nun aus der Vergangenheitsperspektive ausreichend beleuchtet, sodass ich darauf nicht mehr eingehen möchte.

Die Frage, die wir uns also alle stellen sollten, wäre, wie ist es dem einzelnen Geschlecht möglich, in seiner Andersartigkeit zu bleiben um dennoch die Gleichwertigkeit und Gleichberechtigung innerhalb einer Beziehung leben zu können.

Und damit kommen wir schon zu den ersten Lösungsansätzen.

Was bedeutet es, wenn wir das Männliche und Weibliche gleichermaßen in uns integrieren?
Und führt nicht genau das zu einer Gleichartigkeit?

11. Eigenschaften integrieren

Warum ist es also wichtig, wenn wir doch andersartig sind und dies auch bitte bleiben sollen, beide Eigenschaftsarten, also das Männliche wie das Weibliche, in uns zu integrieren? Was steht hinter dieser Aussage und wird derzeit auch gesellschaftlich in einigen spirituellen Gruppierungen publiziert? Werden wir nicht genau dann zu einer Gleichartigkeit, werden Sie sich jetzt vielleicht fragen?

Um diesen Aspekt zu beleuchten, müssen wir erst einmal verstehen, was Eigenschaften sind.

Wie haben es schon einmal in den vorigen Kapiteln kurz angeschnitten und konnten verstehen, dass es sich im Ursprung zunächst um Frequenzen handelt. Frequenzen, die von uns Menschen mit der Entwicklung der Sprache mit Wörtern belegt wurden. Frequenzen, die ein Merkmal beschreiben, das dem Wesen eines Menschen zu eigen ist.

Also zunächst etwas sehr wertneutrales! Weder männlich noch weiblich. Energetisch und damit physikalisch betrachtet, im Ursprung lediglich eine Frequenz!

Wir Menschen leben auf einem Planeten, der die „Polarität", also das Gegensätzliche, widerspiegelt.

Denken Sie dabei an den Süd- und Nordpol, Licht und Finsternis, Tag und Nacht, Himmel und Erde, Gut und Böse, Sommer und Winter, Ebbe und Flut, heiß und kalt;

man kann diese Polarität in sämtlichen Lebensbereichen wiederfinden.

So entspricht auch das Weibliche und Männliche einer Polarität. Erst einmal gegensätzlich in ihrer Art!

Doch kommen wir nun zu einem weiteren Begriff, nämlich dem der „Dualität". Dieser bedeutet eine „Zweiheit", in sich die Polarität vereinend!

So bilden Mann und Frau, als Polarität gewissermaßen eine Dualität, indem sie sich verbinden. Innerhalb dieser Dualität kann man sich entweder in einem Spannungsverhältnis oder aber ergänzend und versöhnlich gegenüberstehen. Beides ist möglich.

Doch wie kann ich meinem Gegenüber ergänzend gegenüber stehen, wenn ich mich nicht seiner Sprache bediene? Sie erinnern sich? Im Gesellschaftlichen wäre es, wenn Sie nicht die gleiche Muttersprache sprächen, wie Ihr Gegenüber. Dieses würde Sie schlichtweg nicht verstehen. Wie also soll uns, in unserem Fall das Männliche verstehen, wenn wir uns nicht seiner Sprache bedienen?

Dies wäre die erste notwendige Voraussetzung dafür, dass eine gemeinsame Kommunikationsebene geschaffen werden kann. Doch dazu müssten Sie sich seiner Sprache bedienen. Die Sprache seiner Frequenzen, doch welches sind diese?

So kommen wir wieder zum Thema Eigenschaften. Wir Menschen waren es, lebend in dieser Polarität, die die Eigenschaften in männlich oder weiblich untergliedert haben und sie auch seither dem Männlichen oder dem Weiblichen zuordnen.

Die Eigenschaft selbst, in ihrer Ursprungsfrequenz, ist nichts anderes, als die Ausdrucksform einer Information. Die Ausdrucksform möchte, physikalisch betrachtet, über Frequenzen zum Vorschein kommen. Der Klang entsteht! Zunächst etwas sehr wertneutrales.

Weder männlich noch weiblich – lediglich eine Frequenz.

Die Information selbst entspringt dem Geisteszustand. Sie war zuerst da. Sie erinnern sich, die Komposition eines Pianisten! Zuerst die Noten, dann der Klang! So ist die Information ein Teil des Geistes.

Was glauben Sie, ist dieser Teil?

Es ist der Wert – Ihr Wert, oder aber auch „Selbstwert" genannt! Ein Selbstwert, der sich über Eigenschaften ausdrückt! So könnte man hier den Bogen wieder zur „Wertigkeit", der „Gleichwertigkeit" spannen.

Eine Gleichwertigkeit miteinander leben zu können, bedingt also die Gleichheit der integrierten Werte.

Doch was sind Werte?

Werte sind Wesensmerkmale eines Menschen. Sie werden durch Eigenschaften zum Ausdruck gebracht. Werte sind ebenfalls zunächst sehr „wertneutral". Sie können konstruktiver oder destruktiver Natur sein.

Im Falle einer Konstruktivität sprechen wir von „Tugenden". So möchte ich Ihnen hier einige tugendhafte, konstruktive Wesenszüge benennen.

Diese können sein:

Mut, Freiheit, Tapferkeit, Disziplin, Klugheit, Weisheit, Achtsamkeit, Geduld, Loyalität, Toleranz, Kontrolle, Leichtigkeit, Verantwortung, Aktivität, Vertrauen, Liebe, Freude, Demut, Beharrlichkeit.

Und jetzt möchte ich Sie fragen, können Sie diese Werte in männlich oder weiblich einteilen?

Vermutlich nicht, und genau deshalb, wäre es aus spiritueller Sicht, falsch davon zu sprechen, wir müssen das Weibliche mit dem Männlichen in uns verbinden!
Denn diese Werte sind in ihrem Ursprung weder weiblich noch männlich. Sie sind! So tuen wir gut daran, sämtliche guter Werte in uns zu integrieren.

Es gilt also zu differenzieren, zwischen den weiblichen und männlichen Prinzipien und den Werten und Tugenden welche in uns angelegt werden wollen. Beides in Kombination macht eine Dualität erlebbar.

Und wenn wir jetzt dem hermetischen Gesetz folgen wollten, so könnten wir erneut sagen:

Wie innen, so außen, wie im Großen, so im Kleinen!

Denn auch auf Zellebene lässt sich sehr schön nachvollziehen, dass es innerhalb einer Zelle, ein Minus

und ein Plus gibt. Die Zelle selbst ist eine Zweiheit, Puls und Minus vereinend in sich tragend!

So war es in unserer bisherigen Entwicklungsgeschichte Mensch durchaus so, dass sich das männliche Prinzip, verstärkt mit Werten ausdrückte, was uns dazu veranlasste, sie als männliche Eigenschaften zu definieren und auch umgekehrt. Doch mit unserer nächsten Entwicklungsstufe werden wir innerhalb eines Wertesystem nicht mehr unterscheiden, was männlich und was weiblicher Natur ist.

Das empfangende, weibliche Prinzip und das gebende, männliche Prinzip werden jedoch als „Andersartigkeit" erhalten bleiben. Denn dafür steht die Dualität! Die Polarität eingeschlossen in eine Zweiheit! Wie im Großen, so im Kleinen!

Wenn Sie also die gleiche Sprache miteinander sprechen wollen, so sollten Sie die gleichen Werte integriert haben! Im Umkehrschluss kann man sagen, wenn man nicht die gleiche Sprache spricht, hat man vermutlich unterschiedliche Werte, also Tugenden, integriert.

Wenn Sie, als Frau, sich ihrem Mann annähern wollen, so schauen Sie genau hin, welche Werte er integriert hat und ob Sie hier noch Handlungsbedarf haben. So kann es durchaus sein, um bei den menschlich, definierten Eigenschaften zu bleiben, dass ihr Mann in der Sprache der „Achtsamkeit, Tapferkeit, Zielstrebigkeit, Stärke und Beharrlichkeit" zu Ihnen spricht. Doch wenn Sie sich nicht seiner Worte bedienen, werden Sie schlichtweg nicht gehört! So liegt es an Ihnen, genau diese Werte in

Ihr System mit aufzunehmen, auf dass eine gemeinsame Kommunikation möglich wird.

Ihr „Selbstwert" nimmt zu. Und Menschen, die einen hohen Selbstwert besitzen, haben eine hohe Schwingungsfrequenz, sie strahlen anders und das ist es auch, was wir als anmutig empfinden. Unsere Haltung verändert sich.

Also meine Damen, steigern Sie ihren Selbstwert, indem Sie so viele Tugenden wie möglich in Ihr Wesen integrieren, nicht indem Sie meinen, männlich werden zu müssen!

Und wie schon erwähnt, hört Ihr Gegenüber nicht das, was Sie sagen, sondern nimmt die Frequenz dahinter auf. So können Sie sich das Anlegen einer Maske sparen. Denn wenn Sie die Wesensart z. B. die der Beharrlichkeit, nur vortäuschen, weil sie nicht in Ihnen integriert ist, wird es Ihnen keinen Erfolg bringen. Denn Ihr Gegenüber weiß genau, ob diese Frequenz in Ihrem System angelegt ist oder nicht. Ihre Worte werden Ihnen dabei nicht helfen. So geht es auch hier wieder um das „Dahinter".

Den ersten und wichtigsten Schritt haben wir nun geschafft! Die gemeinsame Sprache über das Integrieren von Frequenzen und damit der Tugenden beleuchtet.

So kommen wir nun zum zweiten, ebenso wichtigen Schritt. Nämlich wie sprechen wir diese Sprache? Wie ist der Klang unserer Sprache? So können Sie durchaus Beharrlichkeit als Tugend entwickelt haben, sie aber in einem Klang zum Ausdruck bringen, der das Gegenüber erschaudern lässt.

Lassen Sie uns damit zum nächsten Punkt übergehen, nämlich wie wir unsere Eigenschaften zum Ausdruck bringen.

Nachdem Werte auch in negativer Form zum Ausdruck gebracht werden können, möchte ich hier noch einmal anführen, dass ich in den fortfolgenden Ausführungen von konstruktiv gelebten Werten und damit von tugendhaften Eigenschaften, ausgehe. Die anderen möchte ich hier gar nicht erst beleuchten.

Es macht also einen Unterschied, wie Eigenschaften zum Ausdruck gebracht werden können, und wie schön oder weniger schön ihr Klang erlebt wird.

Ich möchte hier noch einmal das Klavier als Beispiel verwenden. Sie haben viele Noten, die Sie anspielen können. Sagen wir, Sie spielen die Tonart C an. So ist es durchaus möglich und auch sehr wahrscheinlich, dass es sich auf verschiedenen Klavieren verschiedenartig anhört. Der Klang ist jeweils ein anderer, obgleich die Information, also das C, immer die gleiche bleibt. Dies kann der Verschiedenartigkeit der Bauweise geschuldet sein, oder aber, weil die Saiten nicht richtig gestimmt wurden oder aber auch weil die derzeitige Temperatur gerade nicht die richtige ist. Doch unter solchen Voraussetzungen lässt sich kein reiner, harmonischer Ton erzeugen. Die gespielte Komposition klingt dann entsprechend. Das Gleiche lässt sich auf den Menschen übertragen. Sie haben also einen tugendhaften Wert in Ihr Wesen integriert. Dieser Wert steht in unserem Beispiel für den Ton C. Doch Ihr Feld ist noch mit so vielen anderen Informationen verschüttet, vergleichbar mit einer nicht gestimmten Saite, dass der Ausdruck Ihres Wertes über die Eigenschaften, also mittels einer Frequenz, nicht wohlklingend erlebt wird. Weder von Ihnen selbst noch durch die anderen.

Ich könnte den Klang, kurz gefasst mit der „selbstlosen Liebe" beschreiben. Sie wäre die schwingende Absicht, hinter einer Information. Umso mehr Sie davon haben, umso klarer und reiner wird Ihr Ton.

Und das lässt sich schön in der Authentizität zum Ausdruck bringen.

Was bedeutet „Authentizität"? Wie wird man authentisch? Und wie können wir diese leben?

Das Tragen von Masken und die Schauspielerei hat etwas mit „nicht authentisch sein" zu tun.

Wir schlüpfen in eine Rolle. Eine Rolle, die uns nicht zu eigen ist. Wir legen für einen Zeitpunkt oder eine Zeitperiode eine Maske an, um diese dann wieder abzulegen. Wir wollen damit etwas bezwecken, ob bewusst oder unbewusst. Verglichen mit unserem Selbstwert wäre es, wenn Sie eine Tugend in ihrem Wesen integriert haben und aber etwas ganz anderes leben! Gründe dazu gibt es viele. Gesellschaftliche Zwänge oder weil Ihr Partner etwas anderes von Ihnen einfordert oder weil Ihr Feld derart verschmutzt ist, dass Sie nicht darauf zugreifen können oder aber weil Sie sich nicht outen wollen, da sie sonst verletzt werden können. Der positive Gegenspieler hierzu wäre die „Authentizität".

Authentizität bedeutet für mich, das zu leben, was mir zu eigen geworden ist. Was auch in dem Wort „Eigenschaften" zu finden ist. Nämlich Werte, die in meinem Wesen fest verankert wurden.

So wirkt logischerweise eine Eigenschaft, die ich mir zu eigen gemacht habe, anders als eine Eigenschaft, die ich nur kurzfristig lebe, um damit ein bestimmtes Ziel zu erreichen. Wenn diese Eigenschaften nicht in mir integriert ist, so benutze ich sie nur. Doch genau das kommt bei Ihrem Gegenüber an. Diese Menschen spüren, der eine stärker, der andere weniger stark, ob man sich diese Eigenschaft nur bedient, wie eine Maske, um etwas damit zu erreichen, oder ob es zu einem gehört. So sind wir erst in der Lage, Eigenschaften authentisch zu leben, wenn wir uns diese zu eigen gemacht haben.

Die Authentizität ist demnach ein wichtiger, sogar notwendiger Schritt, um einen Ton rein und klar erklingen zu lassen.

Welche zusätzlichen Frequenzen lassen Sie beim Ausdruck einer Eigenschaft mitklingen? Welches ist die Frequenz dahinter?

Sie kennen es sicherlich alle.

Entweder, weil sie selbst Kinder haben oder weil sie Zeuge folgender Situation geworden sind: Sie verteilen als Mutter ihrem Kind Aufgaben. Diese können vielfältiger Natur sein. Entweder das Aufräumen des Zimmers oder aber es soll den Abwasch erledigen, vielleicht sind auch noch die Hausaufgaben zu machen. Dies äußern Sie in der Ihnen gewohnten und auch zu eigen gewordenen Eigenschaft der „Güte, Rücksichtsname und Toleranz" – menschlich gesehen typisch weiblichen Eigenschaften. Die Eigenart der „Stärke, Entschlossenheit, Beharrlichkeit und Standfestigkeit" haben Sie in Ihrem Wesen noch nicht integriert. Im Übrigen – menschlich betrachtet sehr männliche Eigenarten.

So wiederholen Sie in einer Dauerschleife immer und immer wieder die gleichen Texte, also Informationen, die über Wörter mit einem Klang versehen sind.

Ich sagte Ihnen bereits, dass insbesondere noch die Kinder eher auf die Frequenzen dahinter hören, als auf den Klang. So ist es nur natürlich, dass Ihr Kind gar nicht erst daran denkt, hier etwas zu unternehmen, um das Geforderte auszuführen, weiß es doch unbewusst, dass es keine Konsequenzen zu befürchten hat. Es kennt Sie und Ihr Wesen!

So reden Sie den lieben langen ganzen Tag, fast schon vor sich selber hin, bis es zu einem Punkt kommt, an dem Sie selbst merken, so kommen Sie nicht mehr weiter. Jetzt erst fangen Sie an, Ihre Frequenz zu verändern. Sie verändern die Eigenart der „Güte und Toleranz" hin zur „Impulsivität, Entschlossenheit und Standfestigkeit" und siehe da: Ihr Kind nimmt diese Frequenzveränderung auf und verändert sein Verhalten. Dieses Beispiel verdeutlicht gleich mehrere Aspekte.

No. 1   Sie haben kurzfristig eine Rolle eingenommen; eine Maske aufgesetzt! In diesem Fall, vermutlich aus einer Verzweiflung heraus und damit emotional;
Es wurde keine Authentizität gelebt;

No. 2   Sie sehen wunderbar, dass beide Werte, nämlich die welche eher den Männern und die, welche eher den Frauen zugeordnet werden, wichtig und notwendig sind; beide müssen sie integriert
werden um sie entsprechend einer Situation, authentisch leben zu können; deshalb muss ich nicht gleich mein Geschlecht wechseln und irgendwelche männlichen Anteile in mir ausbauen.

No. 3   Unser Gegenüber, in diesem Fall das Kind, weist unerbittlich auf die Eigenschaften hin,
die noch nicht in uns angelegt ist. Kinder fungieren daher wunderbar als Spiegel.

No. 4   Das Wie. Wie wurde die Eigenschaft der Impulsivität, Entschlossenheit und Standfestigkeit
ausgedrückt. Ich denke, der Klang dazu hätte Ihnen allen nicht gefallen. Klar, liebevoll und harmonisch hört sich vermutlich auch anders an!

Da wir alle anderen Punkte in den vorangegangenen Kapiteln eingehend beleuchtet haben, möchte ich beim letzten Punkt mit der No. 4 nachstehend meinen Schwerpunkt setzen.

Das Wie?

Ich sagte Ihnen bereits, dass der Klang in seiner Reinheit eine ebenso entscheidende Rolle spielt, wie die Information, also der Wert selbst. Wenn Sie also einen Wert über deren Eigenschaften äußern und Sie tun dies aus einer Emotionalität heraus, so kann dann schon mal ein großer Schaden entstehen. Da bringt Ihnen die wundervollste Eigenschaft nichts. Manche Werte und Tugenden lassen sich damit nicht vereinbaren.

So können Sie z. B. die Tugend der Güte nicht leben, ohne sie wohlklingend wirken zu lassen. Hingegen die Tugend der Entschlossenheit, gleichermaßen wichtig, kann durchaus in einem missklingenden Ton erzeugt werden.

Doch wie können wir einen reinen, wohlklingenden Ton erzeugen?

Was, wenn ich Ihnen sagen würde – es ist die Frequenz der „bedingungslosen Liebe"?

Die bedingungslose Liebe

Ein Hoch auf die Liebe

Wie die Morgenröte
will es aus unserm Innern hervorbrechen,
die Sprache der bedingungslosen Liebe zu sprechen.
Sie ist ein Hohes Gut
das uns Menschen gegeben,
die Mütter dürfen sie bereits intuitiv leben.
Sie lässt die Kinder in ihrer Entwicklung begleiten,
um sie in ihrem Sein bestmöglich zu leiten.
Sie möchte andere
nicht nach ihren Vorstellungen verbiegen,
und den Glauben des Einzelnen
sucht sie nicht zu besiegen.
Es ist die Sprache,
die die Völker und Kulturen verbindet.
Sie achtet darauf,
dass ihre Identität nicht schwindet.
Sie nimmt das Vorhandensein an
und liebt, so wie nur sie lieben kann.
Wenn wir doch nur endlich
zu der Erkenntnis gelangten.
Dass nur diese Kraft,
„die göttliche Liebe",
ein gemeinschaftliches Leben
in Frieden möglich macht.

~ Marianna Huwer

Und bevor Sie mich jetzt mit Einwänden überschütten, lassen Sie mich dazu ein paar Ausführungen machen.

Es gab bereits Pioniere, die sich dieser „Sprachfrequenz der Liebe" bedienten und ich würde mich versündigen, wollte ich nur einige von ihnen aufzählen. Auch ist es mir bewusst, dass es gesellschaftlich nicht leicht zu vereinbaren ist, doch wenn wir als Frauen damit beginnen, indem wir in die Heilung gehen, können wir Harmonie und Frieden in unsere derzeitigen Familienstrukturen hinein bringen. Dies wäre ein großer Beitrag dazu, diese Welt ein bisschen besser werden zu lassen.

Ich möchte dazu die Geschichte eines kleinen Jungen erzählen:

An einem wunderschönen Sandstrand und unmittelbar nach dem Eintreten der Ebbe, ging ein kleiner Junge an demselben entlang und suchte nach Seesternen. Jenen Seesterne, welche die Flut mit sich riss, um sie dann am Sandstrand, nach Eintreten der Ebbe, dort liegen zu lassen. So suchte er nach diesen Seesternen und warf jeden, den er fand, wieder zurück ins Meer. Es kam ein älterer Herr vorbei und sagte „Ach Junge, du kannst doch eh nicht alle Seesterne retten, also warum bemühst du Dich?" worauf der Junge erwiderte: „Ja, aber die, welche ich gerettet habe, haben überlebt".

Es ist also nicht nötig zu glauben, man müsste die ganze Welt sofort und in allem besser werden lassen. Es ist bereits ausreichend, wenn man dort anfängt, wo man selbst den Einfluss dazu hat, auf dass sich eine globale Veränderung eines Tages einstellen kann. Es waren eben genau diese erst vereinzelten Pioniere, welche die „selbstlose Liebe" lebten und so ist es mein Wunsch, nun eine Mehrheit dazu bewegen zu können, diesen Weg ebenso zu gehen.

Und wir Frauen haben einen gewaltigen Einflussbereich. Einen Bereich, der so umfassend und wichtig ist! Wenn wir es in diesem uns anvertrauten Einflussbereich schaffen, eine Wandlung hervorzubringen, haben wir, denke ich, genug getan.

So komme ich wieder auf die Sprache der Liebe und deren Frequenz zurück.

Am schönsten ist es für mich in der Bibel definiert, was es bedeutet eine „bedingungslose Liebe" zu leben.

So steht es schon im 1. Korinther 13:

Wenn ich in den Sprachen der Menschen und Engel redete, hätte aber die Liebe nicht, wäre ich dröhnendes Erz oder eine lärmende Schelle.

Und wenn ich prophetisch reden könnte und alle Geheimnisse wüsste und alle Erkenntnis hätte, wenn ich alle Glaubenskraft besäße und Berge damit versetzen könnte, hätte aber die Liebe nicht, wäre ich nichts.

Und wenn ich meine ganze Habe verschenkte und wenn ich meinen Leib opferte, um mich zu rühmen, hätte aber die Liebe nicht, nützte es mir nichts.

Sie sehen, es geht auch hier nicht um die Sprache selbst, also die Werte, ja diese sind auch wichtig, doch noch viel wichtiger ist der Klang, der mitschwingt.

Denn die Liebe, insbesondere die „bedingungslose" Liebe, schwingt in einer sehr hohen Frequenz. Sie können Worte mit oder ohne Liebe zum Ausdruck bringen. Es wird ganz entscheidend dafür sein, ob Sie Ihr Gegenüber damit erreichen oder nicht.

Es geht also nicht primär darum, was Sie tun, oder was Sie sagen, sondern welches Motiv sich dahinter verbirgt und welcher Frequenzen Sie sich dabei bedienen.

Die „selbstlose Liebe" lässt keinen Opportunismus mehr zu.

Ja und die Mütter unter Ihnen leben sie bereits! Ganz unbewusst! Allein schon deshalb, weil Sie es sind, die einem Kind das Leben geschenkt haben und es ganz selbstverständlich mit Ihrem besten Wissen und Gewissen begleiten und das unterstelle ich Ihnen jetzt einfach mal so!

So könnten wir uns als Menschheit in eine neue Richtung hin entwickeln, wenn wir beide Bestandteile in uns verbinden.

Die Sprache selbst	- die Werte und Tugenden
Den Klang	- die selbstlose Liebe

Von den bisherigen Lauten unserer Urahnen, hin zur Zeichensprache weiter über die Mutter- und Ländersprachen hin zur Sprache der Liebe. Und damit hin zur Einheit in einer Andersartigkeit.

Wäre das nicht eine wundervolle Vorstellung?
Wie fühlt sich das an?

Eine Kommunikation zwischen Männern und Frauen wieder möglich werden zu lassen. Auf einer energetischen Ebene, die Weiterentwicklung möglich macht.

Doch was ist „bedingungslose Liebe" überhaupt, werden Sie mich jetzt vielleicht fragen! Und warum können wir eben genau diese Liebe oft nicht leben? Warum fügen wir dem andern, oft auch ungewollt, immer wieder Schmerzen zu? Und warum können wir auch gleichermaßen diese Liebe, wenn sie uns denn ein anderer entgegenbringt, nicht annehmen?

So ist es mir ein Bedürfnis, Ihnen einen, wie ich finde, genialen Schriftsteller, Philosophen und Pädagogen vorzustellen: Jean-Jacques Rousseau (1712 – 1778).

Er sagte seinerzeit folgendes über die Liebe:

Wir bezeichnen die Liebe nur deshalb als blind, weil ihr Sehvermögen unsere Vorstellungskraft überschreitet.

Und ich denke, genauso ist es!

Denn würden wir erkennen, welche Schwingungsfrequenz über die Liebe ausgesendet werden kann, so würden wir alle vermutlich unser gesamtes Dasein dafür verwenden, diese Frequenz bis zu ihrem höchst möglichen Erreichen in uns zu verankern und auszuleben.

Basierend auf den vorangegangenen Aussagen möchte ich Ihnen meine eigenen Gedanken dazu übermitteln.

So können wir nicht sagen, die Liebe sei dieses oder jenes. Sie äußert sich nur in Menschen, die die Güte, Nächstenliebe und Toleranz leben. Liebe ist eine „variable – eine bestimmte Frequenz", die eben durch sämtliche Werte, Sie erinnern sich!, zum Ausdruck gebracht werden kann. So wäre es falsch zu denken, Sie müssten in eine Opferhaltung gehen, um Liebe leben zu können. Auch wäre es falsch zu denken, Sie dürften Liebe nicht mit Standfestigkeit, Tapferkeit und Aktivität in Verbindung bringen.

Sie kann sich der Treue, Güte, Leichtigkeit genauso bedienen wie der Entschlossenheit, Stärke und Unabhängigkeit. Sie bildet den Klang! Ein Klang der voller Reinheit und Klarheit zum Ausdruck kommt.

So müssten wir vermutlich den Gedanken der Liebe als Gesellschaft noch einmal neu denken.

Zunächst steht sie für die Abwesenheit von Hass. Einer Frequenz, die mehr oder minder vorhanden ist, auch ein Klang! Wir Menschen haben die Definition „Liebe" zu etwas gemacht, was Menschen in eine Opferhaltung hineinfallen lässt. Wir setzen den „Wert" der Nächstenliebe, im Übrigen auch nur einer von vielen, der Liebe gleich. Deshalb meinen viele Menschen, wenn sie denn die Hilfsbereitschaft bis hin zu einer Opferbereitschaft leben, dass sie die liebevollsten Menschen sind. Doch genau hier möchte ich an die Bibelstelle des 1. Korinther 13 erinnern. Es geht nicht vordergründig darum, welche Sprache, also welche Werte man lebt, sondern ob dieser Wert mit der „bedingungslosen Liebe" gelebt wird.

Wir brauchen alle Tugenden! Alle im Ausgleich! Alle zu jederzeit authentisch abrufbar! Weder im Überhang noch im Mangel.

So geht es bei der Liebe zuallererst nicht darum, alles mit sich machen zu lassen und damit Opfer zu werden, sondern welche Frequenz Sie dabei ausstrahlen. Ist diese hochschwingend oder niederschwingend.

Doch warum sind wir für die Liebe dann so blind, wie Rousseau es einst sagte? Warum können wir uns sie noch nicht einmal vorstellen? Und wenn wir sie uns vorstellen und sie dann schließlich an unserer Türe klopft, dann alles in Bewegung setzen, um die Türe zu verriegeln?

Es ist unser Schmerzkörper!

Was also können wir tun, um ihn zu befreien?

12. Herzheilung/Befreiung des Schmerzkörpers

Sie erinnern sich, es ist der Teil in unserem Feld, der für den „erlebten Schmerz" zuständig ist. Ein Schmerz, der irgendwann in diesem oder in den vorangegangen Leben, erlebt und als Frequenz um uns herum gespeichert wurde. Eine Frequenz, die einen klaren und reinen Ton nicht möglich werden lässt.

Doch genau diesen reinen und klaren Ton benötigen wir, um eine harmonische Kommunikation möglich werden zu lassen. So ist die gewaltfreie Kommunikation auf der verbalen informativen Ebene bereits ein Fortschritt, doch noch viel wichtiger ist die Frequenz dahinter.

So tun wir gut daran, wenn wir diese schmerzhafte Frequenz, die wir entweder als Individuen oder aber als Kollektiv in uns gespeichert haben, nun in die Wandlung bringen. Eine Wandlung gleich einer Raupe, die zu einem Schmetterling wird.

Unser Herz spielt dabei eine wesentliche Rolle.

So hat einst König Salomo sehr weise gesprochen, indem er sagte:

Mehr als alles, was man sonst bewahrt, behüte dein Herz! Denn in ihm entspringt die Quelle des Lebens. Sprüche 4.23

Doch was hat er mit Herz gemeint?

Was bedeutet das Herz?

Das „Herz" im physischen Sinne kann er nicht wirklich gemeint haben, denn darauf haben wir nur sehr wenig Einfluss!

So wissen wir wohl, dass es auf der körperlichen Ebene das zentrale Antriebsorgan für den Blutkreislauf im Menschen ist. Das Gleiche könnten wir also auf die energetische Ebene übertragen. Sie erinnern sich, wir haben, jeder von uns, ein energetisches Feld um uns herum. Und das ist nun mehrfach sowohl aus der Physik als auch aus der Medizin bekannt.

Wenn wir nun den „Blutkreislauf" des körperlichen auf die spirituelle Ebene übertragen wollten, so ist es vergleichbar mit unserem Energiesystem – dem Energiekreislauf.

So hat der Blutkreislauf ein zentrales Organ, das ihn verwaltet und koordiniert, unser physikalisches Herz. Auf der Energieebene benötigt es ebenso ein vergleichbares Organ, das den Energiekreislauf verwaltet und koordiniert!

So können wir davon ausgehen, dass sich dieses Organ ebenso auf der Herzebene befindet, nur eben für uns nicht sichtbar. Wir würden dann vom energetischen Herzen sprechen.

Wenn wir nun wissen, dass die Herzgegend für das energetische Zentrum steht und damit für das Koordinieren und Verwalten unseres „Energiesystems" verantwortlich ist, so macht der Spruch in der Bibel durchaus Sinn.

Wir kennen es vermutlich alle! Immer dann, wenn wir einen „erleben Schmerz" empfinden, ausgelöst durch aller möglichen Situationen, zieht sich in der körperlichen Herzgegend alles zusammen. Das Herz fängt physikalisch betrachtet an, schneller zu schlagen, mit einer höheren Schmerzintensität, kann es dann schon einmal dazu führen, dass wir das Gefühl bekommen, nicht mehr genügend Luft zu erhalten. Kommt es dann noch zu einer Steigerung des Schmerzempfindens, so kann es durchaus zu einem Herzstillstand führen. Medizinisch betrachtet spricht man dann von der „Psychosomatik". In der Medizin ist man sich bereits darüber im Klaren, dass es energetische Blockaden gibt, die sich auf die somatische, also die körperliche Ebene übertragen.

Also zunächst eine energetische Blockade, die dann zu einem körperlichen Symptom wird.

Ich denke, auf diesen Gedanken muss ich nicht näher eingehen, da bereits ausreichende Lektüren zu diesem Thema vorhanden sind.

Doch was ist nun der Energiefluss?
Was blockiert ihn und wie können wir die Blockaden wieder auflösen?

Der Energiefluss ist erst einmal etwas sehr wertneutrales! Er ist!

Er schenkt uns das Leben, wie das Blut.

Physikalisch betrachtet, kann man Energie nicht sterben lassen. Man kann sie blockieren und Widerstände generieren, aber sie wird immer da sein! Allein aus diesem physikalischen Ansatz heraus, lässt es keinen Schluss mehr zu, dass ein Leben nach diesem Leben beendet werden kann! Denn was bitte passiert dann mit unseren Energiekörper?

So lassen Sie uns Energie wieder in den Vergleich zum Blut setzen. Je reiner und klarer das Blut, desto besser können Substanzen, die für unseren Stoffwechsel benötigt werden, zu den einzelnen Organen transportiert werden. Genauso verhält es sich auf der energetischen Ebene.

Der Energiefluss auf der energetischen Ebene sollte ebenso rein und klar sein, damit ein Transport zu unseren verschiedenen Energieorganen, im Spirituellen auch Chakren genannt, möglich ist.

Und nun komme ich wieder zum „erlebten Schmerz".

Immer dann, wenn wir einen Schmerz erleben, versucht unser Energiesystem mit diesem Widerstand, der nun generiert wird, etwas zu machen. Wie auch im Blut, wenn es übersäuert wird, finden chemische Vorgänge statt, die immer dafür sorgen, dass unser Blut zwischen 7,36 und 7,41 PH liegt. Denn alles andere würde unmittelbar zu Konsequenzen führen. So ist es auch auf der energetischen Ebene. Wenn wir also einen Schmerz erleben, muss dieser Widerstand unmittelbar über andere Vorgänge gelöst werden. Dazu wird, wie schon beschrieben, ein sogenannter Schmerzkörper angelegt.

So haben wir zwar umgeschichtet, aber nicht gelöst. Wir haben zunächst den Energiekreislauf wieder freigelegt, aber irgendwo in irgendwelchen Zellen unseres Systems, liegen jetzt die Emotionen begraben. Oft sogar so gut versteckt, dass wir nur sehr schwer an sie herankommen. Wie eben auch auf körperlicher Ebene. Ist erst einmal etwas eingelagert, bedarf es sehr viel Mühe es wieder freizugeben, um es zu wandeln.

Körperlich lässt es uns altern, und führt irgendwann vielleicht zu Krankheiten, die wir alle nicht wünschen. Energetisch führt dies dazu, dass wir aufgrund der Blockaden und Widerstände unsere eigene Schwingungsfrequenz unten halten. Und bedenken Sie, wenn Sie sterben, bleibt Ihnen Ihr Energiekörper erst einmal erhalten.

Wir können mit einem schweren, emotional beladenen Körper nicht wirklich gut fliegen! Leichtigkeit, wie wir sie oft wünschen, können wir nicht empfinden.

Doch wir möchten fliegen, oder? Fliegen bedeutet Schwerelosigkeit, Leichtigkeit, Freiheit, Unabhängigkeit – Sie erinnern sich, alles Werte, die der Planet Uranus aus uns herausholen möchte. Er will uns den Himmel näher bringen uns dahin mitnehmen, wo die Luft rein und klar ist! Wo wir atmen können und uns gefühlt von dem irdischen Dasein als losgelöst empfinden.

Er reicht uns die Hand, doch nehmen müssen wir sie selbst – und das schaffen wir nur, wenn wir unsere Blockaden und Widerstände wandeln. Dann ist es möglich, von einer schwerfälligen, auf der Erde liegenden Raupe zu einem Schmetterling zu werden, der die Lüfte beschwingt. Die Luft wird dann in einer Leichtigkeit zu seinem Reich.

Wie also bewerkstelligen wir es, unser Energiefeld zu reinigen, um es damit zu klären?

Und hier möchte ich auf ein geistiges Gesetz hinweisen:

Die Vergebung!

Und bevor Sie mich jetzt erneut gedanklich „kreuzigen", lassen Sie mich auch das bitte zunächst ausführen.

Es gibt physikalisch, irdische Gesetze – und energetisch, geistige Gesetze! Beide funktionieren sie nach dem gleichen Prinzip!

Die Entstehung eines Gesetzes in der Physik läuft folgendermaßen ab:

Man beobachtet bestimmte Phänomene, also z.B. dass der Apfel vom Baum fällt. Wenn dieses Phänomen unter immer gleich bleibenden Umständen und Voraussetzungen die gleichen Resultate liefert, wird es benannt und in einer Formel dokumentiert. Ein physikalisches Gesetz ist entstanden! Wenn man es hier nun ganz genau nimmt, so ist das Wort „entstanden" nicht ganz richtig gewählt, denn schließlich lässt die Physik keine Gesetze entstehen, sondern benennt sie nur.

Doch das ist ein anderes Thema.

Im energetisch, geistigen Bereich geht es ähnlich zu.

Spirituelle Pioniere beobachten bestimmte Phänomene und wenn sie unter immer gleichbleibenden Umständen und Voraussetzungen die gleichen Resultate hervorbringen, werden sie zu einem geistigen Gesetz definiert. Also zunächst nichts „mystisches". Man könnte sagen, alles ist Gesetzmäßigkeiten unterworfen.

Die Frage, die wir uns alle stellen sollten, ist, wissen wir darum und können wir sie zu unserem Nutzen anwenden? Denn auch hier gilt, nur weil wir nichts von einem Gesetz wissen und es noch keiner benannt hat, dass es dasselbe nicht gibt.

Wir haben es vielleicht nur noch nicht beobachtet und erforscht.

So wird das „Gesetz der Vergebung" gerne den Religionen zugeschrieben, weil es durch sie in diese Welt gekommen ist, doch hat dieses Gesetz selbst nichts mit den Religionen zu tun! Es ist ein energetisches Gesetz. Ein Gesetz, das funktioniert, unabhängig davon, aus welchen Motiven und welchem Hintergrundwissen Sie es heraus anwenden. Sie können also durchaus ein Mensch sein, der für Religionen, egal welcher Art, erst einmal nicht viel übrig hat, was dem Gesetz der Vergebung nichts abtut. Es spielt also überhaupt keine Rolle, ob Sie an irgendeinen Gott glauben, wenn Sie das Gesetz für sich verwenden, können Sie schlichtweg davon profitieren. So funktionieren nun einmal Gesetzmäßigkeiten. So möchte ich ihnen hier die Geschichte eines hawaiianischen Arztes erzählen:

Hoʻoponopono

wird im hawaiianischen Wörterbuch als eine „geistige Reinigung" definiert, durch die zwischenmenschliche Beziehungen durch Gebet, Aussprache, Schuldbekenntnis, Reue und gegenseitige Vergebung wiederhergestellt werden können.

Dr. Hew Len hatte als medizinischer Arzt die Leitung der psychologischen Abteilung von „Schwerverbrechern" des State Prison of Hawaii unter sich. Innerhalb von 3 Jahren schaffte er es, dokumentiert und für jeden nachlesbar, die komplette Abteilung zu schließen, weil die Insassen entweder geheilt entlassen werden konnten oder in normale Gefängnisse überführt wurden. Er verstand, das uralte „geistige Gesetz" der Vergebung anzuwenden. Ein Gesetz, das bei den Hawaiianern nichts Außergewöhnliches ist und über jahrtausendealte Überlieferungen weitergeben wurde. Leider hat die „Moderne" auch bei den Hawaiianern Einzug gehalten, weshalb es überhaupt möglich war, so viele Gefängnisse wieder zu füllen.

Wie machte er es also? Immer dann, wenn ein Häftling vor ihm saß, achtete er dabei auf seine ganz individuellen Empfindungen, Gefühle und Emotionen. Er achtete also zunächst nicht darauf, was ihm der einzelne Häftling erzählte, sondern was er in sich fühlte. Er achtete auf jede noch so kleinste emotionale Regung in ihm. Mit jedem Mal wurde er empfindsamer und feinfühliger für jede noch so kleine Regung. Denn starke Emotionen zu erspüren ist für uns alle kein Kunstwerk, aber diese feinen, subtilen Regungen aufzunehmen – da muss man schon etwas genauer hineinhorchen. Und so sprach er bei jedem „Erfühlen" von Emotionen, ob großer oder kleiner Natur, folgenden Satz sinngemäß in sich hinein:

„Es tut mir leid, dass ich dieses Gefühl in mir geschaffen habe, ich vergebe mir und ich liebe mich trotzdem".

„So ein Quatsch", werden Sie vielleicht jetzt sagen.
Was hat der Häftling mit mir zu tun? Noch dazu sind es doch seine Emotionen. Er hat doch diese Gefühle in sich geschaffen, sonst säße er ja nicht im Gefängnis. Er ist es auch, der sich demnach in irgendeiner Situation nicht unter Kontrolle hatte. Also warum soll ich mir dafür vergeben? Das hat doch überhaupt nichts mit mir zu tun. Und dann auch noch das Aussprechen eines Satzes! Das soll eine Wandlung hervorrufen? Das glaube ich Ihnen nicht.

Ja, zunächst alles berechtigte und richtige Einwendungen von Ihnen.

Doch wenn wir physikalisch betrachtet, verstanden haben, dass wir Menschen alle über ein „morphogenetisches Feld" miteinander verbunden sind und damit interagieren, dann hat all das sehr wohl einen Zusammenhang. So ist es durchaus richtig, dass es vordergründig nicht Ihre Emotionen sind, die nun durch Ihr Gegenüber zum Vorschein kommen, doch wenn Sie wachsam genug dafür sind und hier für Ihr Gegenüber in die Heilung gehen können, so heilen Sie jedes Mal einen Teil dieses gesamten Energiefeldes, aus dem heraus wir alle existieren. Verstehen Sie jetzt, warum es mir so wichtig war, Ihnen den kollektiven Schmerzkörper der Frauen so eindringlich zu vermitteln, indem ich Ihnen die Hexenverbrennung näher brachte?

Auch sagte ich Ihnen bereits, dass physikalische und auch geistige Gesetzmäßigkeiten funktionieren, ob Sie nun daran glauben oder nicht! Das spielt keine Rolle. Es ist völlig uninteressant, ob Sie an eine Schwerkraft glauben oder nicht – sie funktioniert trotzdem. So ist es also auch im geistigen Bereich.

Wenn wir es also schaffen, unser eigenes Energiefeld über die Vergebung in die Heilung zu bringen, so können wir es schaffen, gleichermaßen den kollektiven Schmerzkörper des Weiblichen zu wandeln. Emanzipation, wie sie bisher gelebt wurde, gehört der Vergangenheit an. Wir kämen wieder in unsere Herzenergie. Klarheit und Reinheit des Energiesystems wären wieder gewährleistet. Blockaden und Widerstände aufgelöst. Energie könnte wieder fließen, so wie es sein sollte.

Ich kann an dieser Stelle nur jedem den Film von der Regisseurin Anya Schmidt „Pachakútec. Zeit des Wandels" ans Herz legen. Es geht dabei um den Inka-Sonnenpriester Ñaupany Puma, der sich auf den weiten Weg rund um die Erde machte, um Mutter Erde in die Heilung zu verhelfen.

So bitte ich Sie, liebe Frauen, lassen auch Sie sich auf die spannende Reise des Wandels ein, helfen auch Sie dabei, indem Sie den Weg des Vergebens beschreiten.

Hinaus aus dem derzeitigen „Kampffeld der Emanzipation", das auf einem Schmerzkörper basiert. Hinein in die Heilung für sich, Ihr Umfeld und Mutter Erde, auf dass eine Einheit und Harmonie wieder möglich werden.

Wie schön wäre dann unsere Erde? In der eine heilsame Kommunikation wieder möglich ist! Eine Kommunikation aus reiner selbstlosen Liebe heraus. Lassen Sie uns gleich damit beginnen.

Fangen auch Sie damit an, jede Emotion, kommt Sie aus ihnen heraus oder von Ihrem Gegenüber mit dem Satz der hawaiianischen Lehre zu wandeln, indem Sie sagen:

„Es tut mir leid, dass ich dieses Gefühl in mir geschaffen habe, ich vergebe mir und ich liebe mich trotzdem".

So kann sich dieses Leid auf Ihr eigenes Gefühl beziehen oder aber auf das im kollektivem Feld gespeicherte Gefühl Ihres Gegenübers. In beiden Fällen tragen Sie dazu bei, dass Ihr Feld und das kollektive reiner und klarer werden.

So hat die Auflösung drei entscheidende Vorteile:

1. Sie reinigen Ihr ganz persönliches Feld und werden wieder ganz Sie selbst. Denn mit jedem „erlebten Schmerz", den Sie ganz für sich in die Wandlung bringen, werden Sie klarer und reiner. Sie werden Entscheidungen, egal welcher Art, aus einem Feld heraus treffen, aus dem der Energiefluss wieder gewährleistet ist. Ihr Umfeld wird darauf positiv reagieren.

2. Sie verhelfen ihrem Gegenüber zur Klarheit und Reinheit. Ist das nicht das Ausleben der „Tugend zur Nächstenliebe" in vollster Vollendung? Denn wenn sich energetisch was im Feld des anderen verändert, so kann sich das Physikalische mit verändern.

3. Sie helfen „Mutter Erde" im Kollektiv in die Heilung zu gehen. Leichtigkeit ist nun gegeben und ein gemeinsamer Flug möglich!

Sind das nicht fantastische Aussichten? Utopie, werden Sie vielleicht sagen! Ja mag schon sein, aber es waren eben immer schon die Menschen, die für eine Veränderung gesorgt haben, die Visionen hatten. Pioniere eben. Und wenn jeder in seinem Wirkungskreis tätig wird, so könnte eine flächendeckende Veränderung nicht mehr weit sein. Eben wie bei dem japanischen Experiment, bekannt unter dem „Hundertsten Affen-Phänomen", welches in den 60er Jahren dokumentiert wurde, welches einer Bewusstseinssteigerung gleich kommt.

Dann wird es uns auch möglich sein, gesellschaftlich „bedingungslose Liebe" zu leben.

Liebe, wie das Wort es schon sagt, sie bedingt nichts, sie erwartet nichts und rechnet das Böse nicht zu.

Wir können als weibliches Geschlecht wieder das Empfangende in seinem Ursprung leben, ohne Angst davor haben zu müssen, dass man uns verbrennt.

Der Weg ist also der:

Vergebung in unserem Feld
Vergebung im kollektiven Feld

= Heilung
= das energetische Feld um uns herum verändert sich. Energie fließt
= wir werden zunehmend wieder magnetisch
= wir werden klarer, reiner, freier, leichter und schöner, wir fangen an, zu strahlen.
= Menschen um uns herum können durch unser Feld ebenso in die Heilung gehen.
= Einheit und Harmonie können wieder gelebt werden.

Es gibt keine Wirkung nach außen, wenn die innere Ursache, das Mark, die Seele des Ganzen nicht tüchtig sind! (GEIST KRAFT STOFF – Adelma von Vay 1869)

Erst wenn wir den Weg in die Herzheilung geschafft haben, ist „Selbstverwirklichung" möglich. So ist es nicht der Weg über die Gedanken hin zum Herzen, sondern vom Herzen hin zu den Gedanken.

Ja, Du bist was Du denkst, aber noch viel mehr bist Du das, was Du fühlst!

Was glauben Sie, ist der Grund dafür, dass sich Menschen aus Abhängigkeiten nur sehr schwer befreien können? Sie wissen es, sie verstehen es auch mental, also auf der Verstandesebene und dennoch schaffen sie es nicht, sich daraus zu befreien. Abhängigkeiten gibt es in zahlreichen Abwandlungen und Formen. Darauf möchte ich gar nicht eingehen. So bleiben die Menschen in ihren Abhängigkeiten gefangene ihrer selbst und zerstören damit ihr eigenes Leben und das ihrer Mitmenschen!

Abhängigkeiten, man könnte sie auch als Zweck- oder Versorgungsgemeinschaften nennen. Sie bedingen sich gegenseitig. Also ein ganz und gar „opportunistischer" Gedanke. Das Gegenteil von bedingungslos! Sie rechnen auf! Sie werten und werden bewertet. Doch diese Rechnung geht nie auf! Eben weil jeder anders bewertet. Und mein Wertempfinden entspricht vielleicht nie dem des Gegenübers, und somit ist Zwiespalt die notwendige Konsequenz! So liegen Abhängigkeiten Energieblockade zugrunde. Widerstände werden generiert und der Fluss des Lebens kann sich nicht frei äußern. Denn wären wir frei und könnten wir, wie Rousseau es sagte, unsere Vorstellungskraft über die Liebe auch nur „denken", so würden wir diese vielen Verbindungen um uns herum vermutlich nicht aufrechterhalten. Genau das kommt in Abhängigkeiten zum Vorschein. Gedanklich wissen wir darum, gefühlt können wir es nicht anders als so zu handeln. Und so verharren wir, gleich einem Gefängnis, in Situationen, die uns nicht mehr dienen. Doch ist es nicht unser sehnlichster Wunsch, nun endlich den

Weg der Liebe zu beschreiten? Nicht mehr darüber zu referieren und Lieder darüber zu hören, sondern sie zu leben? Beziehungen, ob geschäftlicher, freundschaftlicher, partnerschaftlicher Art, die auf reiner Herzensliebe basieren? Bei der Freiheit, Leichtigkeit, gegenseitige Wertschätzung die Norm ist? Eine Liebe, von der wir bis vor kurzem noch nicht einmal wagten, sie zu „erträumen"?

Ich glaube, die Zeit dazu ist gekommen und wir sollten anfangen sie zu träumen! Sie möglich werden zu lassen, doch eben bitte aus einem reinen, klaren Energiefeld heraus.

Wie schnell würden sich dann emotionale „Abhängigkeiten" im Nichts auflösen! Wie hoch könnten sie dann fliegen! Und das dann auch noch mit Menschen an Ihrer Seite, die diesen gemeinsamen Flug bestärken.

Willensstärke des Geistes

So komme ich noch einmal auf den hawaiianischen Vergebungssatz zu sprechen. Es hört sich zunächst sehr einfach an. Doch Sie werden bei Ihren ersten Versuchen feststellen, dass sich irgendwas in Ihrem Innern weigert, auch wenn Sie das jetzt mental für sich verstanden haben, diesen Weg gehen zu wollen. Es wird eben genau diese Stimme in Ihnen erklinge, die Ihnen klarmachen möchte, dass es sich hier nicht um eine Gesetzmäßigkeit handelt und Sie es vielleicht auch gar nicht einsehen, hier in eine Vergebung zu gehen. An dieser Stelle möchte ich an Eckhart Tolle verweisen, der den Begriff Schmerzkörper geprägt hat. Er hat es bereits zu Genüge und für mich in einer hervorragenden Art und Weise beschrieben, was der Schmerzkörper ist und wie er sich verhält. Ich will Ihnen lediglich sagen, dass es dazu tatsächlich einer weiteren Tugend bedarf, nämlich der „Willensstärke".

In dem Moment also, in dem Sie in Ihrem Verstand darüber diskutieren, ob Sie bei der nun gefühlten Emotion den „Vergebungssatz" aussprechen sollen oder nicht, haben die meisten schon verloren.

So steht über allem der Geist – der über den Willen zum Ausdruck kommt.

Sollten Sie es also schaffen, über Ihre Willensstärke eine Willensentscheidung zu treffen und damit dem Gesetz der Vergebung Folge leisten, unabhängig davon, was Ihr Verstand jetzt zu Ihnen sagt, werden Sie bald schon die Veränderungen in Ihrem Leben sehen können.
Herzlichen Glückwunsch dazu!

Die Reise hat begonnen und Sie werden in Zukunft nicht mehr dieselbe sein.

Der Weg hin zur Selbstbestimmung und das in „selbstloser Liebe" ist nun die Konsequenz.

Anmut und Würde –
eine Folgeerscheinung Ihres Seins.

Anmut und Würde

Warum glauben Sie, wirken Frauen auf uns Menschen so unterschiedlich?

Die einen, von äußerer Schönheit gezeichnet, stoßen uns eher ab, während wieder andere, die nicht dem derzeitigen Schönheitsideal entsprechen, auf uns anziehend und geradezu grazienhaft wirken?

Es ist die Anmut dieser Frauen, die sie zu dem macht, was sie ausstrahlen!

Anmut ist eine Tugend.
Sie entspringt der Würde.
Sie ist eben auch eine Eigenschaft, die zu unserem Wesen gehören kann oder aber nicht.

Sie ist für gewöhnlich nicht angeboren, es sei denn, Sie haben diese Tugend bereits in einem Ihrer Vorleben ausgebildet und nun mitgebracht.

Doch was genau bedeutet es, anmutig zu sein?
So bedeutet das Wort Anmut zunächst „Schönheit".
Doch was bedeutet es, schön zu sein? Was macht Schönheit aus? Sie merken, es ist nicht ganz so einfach, dieses Wort in nur einer Definition auszudrücken.

Eines ist hier jedoch sichtbar, es ist nicht Ihre äußerliche

Schönheit, die eine Anmutshaltung, und die Betonung liegt auf dem Wort „Haltung", sichtbar werden lässt.

Sie können sich also noch so vielen künstlichen Operationen unterziehen und mit kosmetischen Produkten eindecken und Ihr gesamtes Äußeres dem derzeitigen Modebewusstsein anpassen, Sie werden es vermutlich aus diesen Motiven nicht zu einer Anmutshaltung schaffen. Während Frauen, die die „Anmutshaltung" in sich als eine Werterscheinung angelegt haben, kosmetische Produkte nur noch dazu verwenden, um das Schöne, das ihnen sowieso schon zu eigen ist, zu unterstreichen!

Was glauben Sie, was genau Ihr Mann an Ihnen liebt? Das Aussehen oder die Anmut?

Ihr Äußeres wird er begehren.
Die Anmut aber wird er lieben und wertschätzen.

So frage ich Sie, wollen Sie geliebt oder begehrt werden? Wenn Sie geliebt werden wollen, unabhängig davon, ob sie nun äußerlich einem Schönheitsideal entsprechen oder nicht, so tun Sie gut daran, dass Sie diese Tugenden in Ihren Wesenszug mit aufnehmen. Und hier sind wir dann auch schon beim viel beredeten „Selbstwert".

Der Selbstwert – stehend für sich selbst und seinen eigenen Wert – ist erst einmal nichts anderes als die Aneinanderreihung von Werten und Tugenden.

Wenn Sie also nicht aufgrund dessen geliebt werden wollen, was Sie tun oder nach außen hin darstellen, sondern ganz und gar ihres Selbstes wegen, so lassen

Sie uns heute noch damit beginnen, diese Tugenden in unser Wesen zu integrieren. Die Würde ist dann das Bewusstsein darum. Das Wissen um Ihren Selbstwert!

So können Sie als Frau, die es geschafft hat, Tugenden in ihr Wesen zu integrieren, gar nicht anders, als auf Ihr Umfeld würdevoll zu wirken. Und eine Würdenträgerin wären Sie demnach, wenn Sie eben viele dieser Tugenden und Werte in sich verankert haben.

Die Anmut selbst ist der Ausdruck Ihrer Würde, Ihrer inneren Haltung, die nun nach außen sichtbar wird.

Sehr schön definiert hat es Johann Christoph Friedrich von Schiller, indem er sagte, die Anmut sei etwas sehr „bewegliches". Eine Beweglichkeit zwischen dem Sinnlich-Irdischen und dem Geistigen. Es kommt unwillkürlich zu einer Harmonie!

Sie erinnern sich, die Erdung, sinnbildlich stehend für das Sternbild im Stier – und die Vergeistigung, stehend für den Planeten Uranus. Unsere nächste Entwicklungschance als Menschheit.

So steht auch die „Anmut" symbolisch für die Verbindung zwischen dem Sinnlichen und dem Geistigen. Eine sogenannte verbindende Tugend, die innere Harmonie möglich werden lässt.

Menschen, und ich spreche in diesem Buch zu Ihnen als Frau, also Sie als Frau, können es schaffen, durch die Verbindung des Irdischen mit dem Geistigen die Tugend der Anmut in sich zu verankern. Das hermetische

Gesetz nun anwendend, wird diese Harmonie, die Sie in sich geschaffen haben, unbedingt nach außen treten, ob Sie es nun wollen oder nicht. Das ist es dann, was andere als „anmutig oder grazienhaft" empfinden.

Wäre es also nicht ein wunderschöner Gedanke, wenn hier auf diesem wunderschönen Planeten Erde nur noch „Grazien" das Feld besiedeln? Die Schönheit eines jeden einzelnen Individuums zum Ausdruck bringend? In einer Vielfältigkeit, die gleichbedeutend mit der eines Blumenfeldes ist, von deren Anblick wir nie genug bekommen könnten?

Ich fände es eine zauberhafte Vorstellung! So lassen Sie uns als Damen damit beginnen, wieder das Blumenfeld zu sein, das wir einst ausmachten und nicht die schreienden, wollenden, jammernden kritisierenden Frauen. Denn ich möchte behaupten, dass kein Gegenüber, wenn er noch ein wenig Selbstwert besitzt, Ihnen dabei gerne zuhört.

So lassen Sie uns damit beginnen, die innere Schönheit, in Form von Tugenden zu entwickeln, unser Feld in die Heilung zu bringen, damit daraus wieder eine Verbindung in uns selbst entstehen kann. Unsere Königskrone und das Zepter wieder in die Hand nehmend, um eine Harmonie möglich werden zu lassen.

Es wird ihr gesamtes Umfeld sein, das Ihre Anmut zum Vorschein kommen lässt und das ganz ohne Worte und Taten.

Ihre Taten erfolgen ganz automatisch Ihrer inneren Haltung, die dann geprägt werden von bedingungsloser Liebe. Eine Verwandlung Ihres Umfeldes wird dann zur logischen Konsequenz – eben auch ganz gesetzmäßig, ohne Mystik!

So lassen Sie mich dieses Buch mit einem Auszug aus dem Gedicht von Friedrich Schiller schließen:

Die Würde der Frauen

Ehret die Frauen! sie flechten und weben
Himmlische Rosen ins irdische Leben,
Flechten der Liebe beglückendes Band,
Und in der Grazie züchtigem Schleier
Nähren sie wachsam das ewige Feuer
Schöner Gefühle mit heiliger Hand.

Aber mit sanft überredender Bitte
Führen die Frauen den Scepter der Sitte,
Löschen die Zwietracht, die tobend entglüht,
Lehren die Kräfte, die feindlich sich hassen,
Sich in der lieblichen Form zu umfassen,
Und vereinen, was ewig sich flieht.

Wenn wir es schaffen auch nur einen Teil dieser Werte in uns zu integrieren, schaffen wir es, diese Welt ein wenig besser werden zu lassen.

Dazu müssen wir bei uns beginnen.
Ebenso dürfen wir verstehen, dass sie allesamt wichtig und gut sind. Doch dazu bedarf es Bewusstsein, um zu wissen, wann welcher Wert in welcher Intensität zum Ausdruck gebracht werden will.

Achtsamkeit
Aktivität
Akzeptanz
Anmut
Anstand
Ästhetik
Aufgeschlossenheit
Authentizität
Autorität
Bescheidenheit
Beharrlichkeit
Dankbarkeit
Demut
Disziplin
Einfachheit
Entschlossenheit
Flexibilität
Freiheit
Freude
Frieden
Fürsorglichkeit
Geduld

Gerechtigkeit
Glaubwürdigkeit
Großzügigkeit
Harmonie
Hilsbereitschaft
Höflichkeit
Idealismus
Integrität
Interesse
Kreativität
Kontrolle
Leichtigkeit
Loyalität
Macht
Mässigkeit
Mitgefühl
Mut
Nachhaltigkeit
Ordnung
Pflichtgefühl
Pragmatismus
Präsenz

Respekt
Rücksichtsname
Sanftmut
Sicherheit
Solidarität
Standfestigkeit
Struktur
Tapferkeit
Toleranz
Transparenz
Treue
Tüchtigkeit
Unabhängigkeit
Verantwortung
Verlässlichkeit
Vertrauen
Weisheit
Würde
Zielstrebigkeit

Meine Wertschätzung gilt...

...all meinen Geschwistern, die ich von ganzem Herzen liebe.

Ganz besonders an Lilli, die mich als Schwester und Freundin durch meinen Erdungsprozess von klein auf begleitet hat.

Sie war es, die mir als nächste in unserem Familienkomplex das irdische Dasein stets als wertvoll und wichtig erschienen lies. Die mir durch die Kindheit und Jugend immer die Hand reichte, wenn ich wieder einmal davon fliegen wollte. Beratend und klar in ihren Gedanken verhalf sie mir dazu, diese Welt lieben zu lernen.

Anhang

Quellnachweis No. 1
Capitulatio de partibus Saxoniae
Übersetzung bei E. Schubert, Die Capitulatio de partibus Saxoniae (Fs. H. Schmidt, 1993, Anhang S. 26–28)

Quellnachweis No. 2
Abraham Maslow: *A Theory of Human Motivation.* In *Psychological Review*, 1943

Quellnachweis No. 3
BLUE ICE: Memories and Relationships: MsKr SITH Conversations, Book 2 (Dr. Hew Lena and Kamaile Rafaelovich Self I-Dentity through Ho'oponopono, MsKr SITH Conversations)